KÖNIGS ERLÄUTERUNGEN
Band 493

Textanalyse und Interpretation zu

Wolfgang Herrndorf

TSCHICK

Thomas Möbius

Alle erforderlichen Infos für Abitur, Matura, Klausur und Referat
plus Musteraufgaben mit Lösungsansätzen

Bange Verlag

Zitierte Ausgabe:
Herrndorf, Wolfgang: *Tschick*. Roman. Reinbek: Rowohlt [23]2013

Über den Autor dieser Erläuterung:
Prof. Dr. phil. habil. Thomas Möbius, Studium der Germanistik, ev. Theologie und Philosophie, Studienrat an einem Gymnasium in Mannheim und an der *German European School* in Singapur, Akademischer Oberrat an der Pädagogischen Hochschule Heidelberg, nach Professuren in Freiburg, Osnabrück, Greifswald und Aachen, Professor für Germanistische Literaturwissenschaft und Literaturdidaktik an der Justus-Liebig-Universität Gießen.

Für Philipp

5. Auflage 2017
ISBN 978-3-8044-2008-3
PDF: 978-3-8044-6008-9, EPUB: 978-3-8044-7008-8

Titelabbildung: Landstraße bei Berlin © ullstein bild – CHROMORGANGE/ Karl-Heinz Spremberg
Druck und Weiterverarbeitung: Tiskárna Akcent, Vimperk

1. DAS WICHTIGSTE AUF EINEN BLICK – SCHNELLÜBERSICHT 6

2. WOLFGANG HERRNDORF: LEBEN UND WERK 11

2.1 **Biografie** 11
2.2 **Zeitgeschichtlicher Hintergrund** 14
2.3 **Angaben und Erläuterungen zu wesentlichen Werken** 18

3. TEXTANALYSE UND -INTERPRETATION 23

3.1 **Entstehung und Quellen** 23
3.2 **Inhaltsangabe** 28
3.3 **Aufbau** 46
Die Grundstruktur der Handlung 46
Thematische Schwerpunkte 50
3.4 **Personenkonstellation und Charakteristiken** 54
Maik Klingenberg 55
Andrej Tschichatschow 59
Isa Schmidt 62
Herr und Frau Klingenberg 64
Sprachtherapeutin 66

3.5 Sachliche und sprachliche Erläuterungen 69
3.6 Stil und Sprache 73
3.7 Interpretationsansätze 77
Tschick als Adoleszenzroman 78
Tschick als Auseinandersetzung mit Adoleszenzthemen 80

4. REZEPTIONSGESCHICHTE 90

5. MATERIALIEN 95

Definition „Adoleszenzliteratur" 95
Werteorientierung junger Menschen zwischen 12 und 29 96
Nachrufe auf Wolfgang Herrndorf 97
Begründung der Verleihung des Deutschen Jugendliteraturpreises 2011 102
Jugendliche und Alkohol 104
Straftaten in Deutschland 107

6. PRÜFUNGSAUFGABEN MIT MUSTERLÖSUNGEN 112

Deutung der Schlussszene 112
Charakterisierung Tschick und Isa 115
Charakterisierung Maik 117
Thema Sexualität und sprachliche Gestaltung 119

LITERATUR 121

STICHWORTVERZEICHNIS 125

1. DAS WICHTIGSTE AUF EINEN BLICK – SCHNELLÜBERSICHT

Damit sich jeder Leser in unserem Band rasch zurechtfindet und das für ihn Interessante gleich entdeckt, hier eine Übersicht:

Im zweiten Kapitel beschreiben wir das Leben Wolfgang Herrndorfs und stellen den zeitgeschichtlichen Hintergrund dar:

⇨ S. 11 ff.

→ Wolfgang Herrndorf wurde 1965 in Hamburg geboren und starb 2013 in Berlin. Er studierte Malerei in Nürnberg, arbeitete dann als Illustrator für verschiedene Verlage. Er schrieb zunächst eher als Hobby, 2002 veröffentlichte er sein erstes Werk *In Plüschgewittern*.

⇨ S. 14 ff.

→ Die Zeit war politisch geprägt durch das Ende des „Kalten Krieges", den Fall des „Eisernen Vorhangs" und die deutsche Wiedervereinigung mit allen politischen und gesellschaftlichen Konsequenzen.

⇨ S. 18 ff. und 93 ff.

→ Der Roman *Tschick* wurde 2010 veröffentlicht. Er zählt zum Genre der Adoleszenzliteratur und weist motivgeschichtliche Parallelen zu anderen jugendliterarischen Werken desselben Genres auf.

Im dritten Kapitel bieten wir eine Textanalyse und Interpretation.

Entstehung und Quellen:

⇨ S. 23 ff.

Wolfgang Herrndorf erzählt in einem Interview, dass er im Jahre 2004 die Bücher seiner Jugend wieder gelesen habe. Er nennt als Beispiele *Herr der Fliegen* von William Golding, *Huckleberry Finn* von Mark Twain und *Der Bericht des Arthur Gordon Pym* von Edgar Allan Poe, *Pik reist nach Amerika* von Franz Werner Schmidt. Er stellt

fest, dass diese Bücher drei Gemeinsamkeiten aufweisen: Fehlen der erwachsenen Bezugspersonen, Reise und Wasser. Alle diese Motive wollte er in einem Jugendroman um ein gestohlenes Auto vereinen.

Inhalt:

Die beiden 14-jährigen Klassenkameraden Maik Klingenberg und Andrej Tschichatschow unternehmen während der Sommerferien eine Reise durch Ostdeutschland in einem gestohlenen Auto. Die Familien, aus denen beide Schüler stammen, sind unterschiedlich: Maiks Mutter ist Alkoholikerin, sein Vater scheitert mit Immobilieninvestitionen, Maik selbst ist ein Außenseiter in der Klasse genauso wie Andrej, der „Tschick" genannt wird und der mit seinem Bruder aus Russland gekommen ist. Auf ihrer planlosen Reise begegnen sie Menschen, die ihnen in schwierigen Situationen helfen: Bei einer Familie können sie ausgiebig zu Mittag essen, Isa, ein Mädchen, das auf einer Müllkippe lebt, zeigt ihnen, wie man Benzin aus einem Tank zapft, eine Sprachtherapeutin leistet nach einem Autounfall erste Hilfe. Zwischen den beiden Jungen entwickelt sich eine enge Freundschaft. Nach dem zweiten Unfall kommt Andrej in ein Heim, während Maik nach einem Krankenhausaufenthalt – nun nicht mehr als Außenseiter – in das neue Schuljahr starten kann.

➪ S. 28 ff.

Chronologie und Schauplätze:

Handlungszeit ist die Gegenwart. Der Roman weist eine Rahmenhandlung auf, die in der Erzählgegenwart spielt und in die ein ca. vier Jahre umfassender Rückblick eingebettet ist, in dem die Zeit von der 5. bis zur 8. Klasse erzählt wird. In den ersten vier Kapiteln befindet sich der Ich-Erzähler Maik Klingenberg erst auf der Polizeistation, dann im Krankenhaus und wird zum Unfallhergang befragt. Im 12. bis 44. Kapitel wird die erzählte Zeit auf 13 Tage

➪ S. 46 ff.

verdichtet; hier geht es im Wesentlichen um die Reise der beiden Jungen, die mit zwei Unfällen ein Ende findet. In den letzten vier Kapiteln befindet sich der Ich-Erzähler Maik Klingenberg am Beginn der 9. Klasse.

Die Handlung spielt in Berlin. Die Reise der beiden Jungen findet in der Umgebung von Berlin und überwiegend in Brandenburg statt.

Personen:

Die Hauptpersonen sind

⇨ S. 55 ff.

Maik Klingenberg:

- unauffällig, mit guten Leistungen in Mathematik und Sport,
- stammt aus einem bürgerlichen Elternhaus
- ist selbstreflektiert, bekennt sich zu seiner Freundschaft mit Tschick

⇨ S. 59 ff.

Andrej Tschichatschow (Tschick):

- Außenseiter durch sein Aussehen, seine Kleidung und sein Auftreten; weiß sich in der Schule Respekt zu verschaffen
- kam vier Jahre vor Beginn der Romanhandlung mit seinem Bruder aus einfachen Verhältnissen aus Russland
- ist homosexuell, steht zur Freundschaft mit Maik auch in der Gerichtsverhandlung

⇨ S. 62 f.

Isa Schmidt:

- wie Maik und Tschick 14 Jahre alt, neugierig, möchte später zum Fernsehen
- bis zum Baden im See ungepflegte, verwahrloste Erscheinung, später mit artikuliertem sexuellen Interesse an Maik, mit dem sie sich anfreundet

→ will zu ihrer Halbschwester nach Prag, schließt sich den Jungen an und hilft ihnen beim Stehlen von Benzin

Eltern von Maik Klingenberg: ⇨ S. 64 ff.

→ Vater Josef als Immobilienmakler tätig, in den letzten Jahren zunehmend erfolglos
→ Maiks Mutter ist Alkoholikerin, die immer wieder Entziehungskuren macht
→ die Ehe zwischen beiden ist gescheitert; am Ende zieht der Vater mit seiner Geliebten Mona zusammen

Sprachtherapeutin: ⇨ S. 66 f.

→ kommt den Jungen nach dem Unfall zu Hilfe
→ unvoreingenommene Zuwendung, positiv gezeichnetes Bild eines Erwachsenen

Neben diesen Hauptfiguren existiert eine Reihe von mehr oder weniger bedeutsamen Nebenfiguren wie z. B. die Familie, bei der die beiden Jungen zu Mittag essen, oder die Mitschüler von Maik und Tschick. Im Schaubild zur Figurenkonstellation haben wir versucht, die erwähnten Figuren zu erfassen. ⇨ S. 68

Stil und Sprache:

Der Roman ist in einer Kunstsprache verfasst, die Merkmale der Jugendsprache und des Slang aufweist. Die Sprache des Ich-Erzählers Maik ist über weite Passagen durch einen ruhigen, unaufgeregten Stil geprägt, der dem mündlichen Sprachgebrauch mit einem einfachen Satzbau nachempfunden ist. ⇨ S. 73 ff.

Interpretationsansätze:

Zwei Interpretationsansätze bieten sich an:

Tschick ist

⇨ S. 78 ff.

→ ein Werk, das formal-gattungsmäßig als Adoleszenzroman zu begreifen ist, da es der für das Genre typischen Struktur der „Heldenreise" folgt und die Identitätsfindung des Protogonisten zum Ziel hat.

⇨ S. 80 ff.

→ ein Werk, das sich thematisch-inhaltlich mit einer Vielzahl von aktuellen gesellschaftlichen Problemen aus der Perspektive Heranwachsender auseinandersetzt: Freundschaft – Liebe – Sexualität, Familienkonzepte, Sucht und Suchtmittel, straffällige Jugendliche – Umgang mit Gesetzen und Regeln.

2. WOLFGANG HERRNDORF: LEBEN UND WERK

2.1 Biografie

JAHR	ORT	EREIGNIS	ALTER
1965	Hamburg	Geburt am 12. Juni	
[nach dem Schulabschluss]	Nürnberg	Studium der Malerei an der Akademie der Bildenden Künste	ca. 20
[nach dem Studium]	Berlin	Arbeit als Illustrator z. B. für „Luke & Trooke" und „Titanic"	ca. 30
2002	Berlin	*In Plüschgewittern* als erstes publiziertes Werk	38
2010	Berlin	Diagnose der Krebserkrankung (bösartiger Hirntumor, sog. Glioblastom)	45
	Berlin	*Tschick*	45
2010–2013	Berlin	Chemotherapien, Bestrahlungen, Operationen	45–48
2011	Frankfurt am Main	Deutscher Jugendliteraturpreis für *Tschick*	46
2012	Leipzig	Preis der Leipziger Buchmesse in der Kategorie Belletristik für *Sand*	47
2013	Berlin	15. 7.: Diagnose von Rezidiva[1], weitere Behandlung zwecklos	48
	Berlin	26. 8.: Tod; Suizid	48
2013	Berlin	*Arbeit und Struktur* (posthum)	
2014	Berlin	*Bilder deiner großen Liebe. Ein unvollendeter Roman* (posthum)	

Wolfgang Herrndorf
1965–2013
© Isolde Ohlbaum

1 „Ein Rezidiv bei der Behandlung von Krebs wird meist durch eine unvollständige Entfernung des Tumors verursacht, die nach einiger Zeit zu einem erneuten Auftreten der Krankheit führen kann." (http://de.wikipedia.org/wiki/Rezidiv, Stand Okt. 2013).

Über das Leben von Wolfgang Herrndorf gibt es – zumindest bis zum Jahr 2010 – nur wenige Informationen, eine Biografie existiert nicht. Bekannt ist, dass er nach seinem Malerei-Studium Anfang/Mitte der 1990er Jahre nach Berlin gezogen ist und dort Illustrationen und Comics für satirische Zeitschriften angefertigt hat, u. a. für „Luke & Trooke" und „Titanic". Eher zufällig kam er als Hobbyautor zum Schreiben und publizierte 2002 seinen ersten Roman *In Plüschgewittern*. Sehr viele Informationen erhält man in dem Moment, als bei ihm ein bösartiger Hirntumor entdeckt wird und er am 8. 3. 2010 mit dem Schreiben eines Tagebuchblogs beginnt (*Arbeit und Struktur* unter www.wolfgang-herrndorf.de), in dem er detailliert Auskunft gibt über seine persönliche Lage, aber auch über die Arbeitsprojekte, mit denen er sich während seiner Krankheit befasst: So erfährt man in *Arbeit und Struktur*, dass der Autor an einer Erzählung arbeitet, die den Titel *Isa* trägt. (Dieses Werk erschien 2014 posthum als Fragment: *Bilder deiner großen Liebe*.) Auch die Entwicklung seiner Erkrankung wird bis hin zu exakten Mengenangaben der verabreichten Medikamente minutiös geschildert; dokumentiert wird auch, dass das Tumorwachstum nicht zum Stillstand gebracht werden konnte:

Tagebuchblog
Arbeit und Struktur

> „Beim Aufstehen am Morgen drei oder vier Meter rückwärts durchs Zimmer getaumelt und mit Kopf und Nacken gegen die Tischkante geknallt. Mit Rückenschmerzen zum Westhafen, S-Bahn zu Dr. Vier. Befund schlecht wie erwartet. Avastin ohne Wirkung, Glioblastom beiderseits progressiv. Ende der Chemo. OP sinnlos."[2]

---

2 *Arbeit und Struktur* (15. 7. 2013 14:26), abrufbar unter: http://www.wolfgang-herrndorf.de/2013/07/einundvierzig/ (Stand Oktober 2013); *Arbeit und Struktur* wurde mittlerweile als Buch im Rowohlt Verlag im Dezember 2013 veröffentlicht.

Vor diesem Hintergrund sind seine Aufzeichnungen in *Arbeit und Struktur* eine Auseinandersetzung mit dem sich abzeichnenden Lebensende; Herrndorfs letzter Eintrag stammt vom 20. August 2013. Er schied freiwillig aus dem Leben: „Wolfgang Herrndorf hat sich am Montag, den 26. August 2013 gegen 23.15 Uhr am Ufer des Hohenzollernkanals erschossen.“[3]

---

3 Eintrag am 27. 8. 13 auf der Eingangsseite seines Blogs; mittlerweile steht dieser Passus am Ende des Blogs, siehe http://www.wolfgang-herrndorf.de/2013/08/schlussl/ (Stand Mai 2015). In der Buchausgabe ist dieser Passus nicht vorhanden.

2.2 Zeitgeschichtlicher Hintergrund

ZUSAMMENFASSUNG

In diesem Kapitel wird der zeitgeschichtliche Hintergrund von Wolfgang Herrndorf dargestellt, zum zeitgeschichtlichen Hintergrund der Romanhandlung siehe Kapitel 3.1 dieses Bandes.

Wichtig für den Zeitraum von den 1960er Jahren bis heute:

→ nach dem wirtschaftlichen Wiederaufbau in den 1950er Jahren Auseinandersetzung mit der deutschen Vergangenheit in den 1960er Jahren
→ Politisierung aller Lebensbereiche in den 1970er und 1980er Jahren
→ Wiedervereinigung in den 1990er Jahren
→ Auseinandersetzung mit den ökonomischen, gesellschaftlichen, kulturellen und politischen Folgen der Wiedervereinigung seit den 1990er Jahren

Die 1950er Jahre

In der Bundesrepublik waren die 1950er Jahre bestimmt durch den Wiederaufbau, der sich, auch unterstützt durch massive amerikanische Finanzhilfen („Marshallplan"), bald zum sogenannten „Wirtschaftswunder" entwickelte. Am Ende der 1950er Jahre waren der Wiederaufbau und die politische Westintegration der Bundesrepublik (Nato-Beitritt 1955, EWG-Vertrag 1957) abgeschlossen. Die einseitige Ausrichtung auf wirtschaftlichen Erfolg und das nach den Kriegsjahren durchaus verständliche Nachholen von Konsumbedürfnissen zeigten in der Adenauer-Ära ihre Schattenseiten beispielsweise in der einseitigen Orientierung an materiellen Wünschen und in der Verdrängung der NS-Vergangenheit: Schon kurz nach Kriegsende forderten erste Stimmen, „endlich" einen

„Schlussstrich“ unter die deutsche Vergangenheit zu ziehen; viele ehemalige Nazis und Parteimitglieder konnten in der Bundesrepublik in Wirtschaft, Justiz und Politik Karriere machen. Nicht zuletzt an diesem Desinteresse an einer Aufarbeitung während der sogenannten „Adenauer-Ära“ entzündeten sich die Studentenproteste Ende der 1960er Jahre.

Die 1960er und 1970er Jahre

Wolfgang Herrndorfs Geburtsjahr 1965 liegt gerade ein Jahr vor dem offiziellen Ende dieser Ära: Von 1966 an regierte die SPD die Bundesrepublik, zunächst in einer großen Koalition, ab 1969 dann in einer Koalition mit den Liberalen unter Bundeskanzler Willi Brandt bzw. Helmut Schmidt. Die SPD setzte mit ihrer innenpolitisch umstrittenen Ostpolitik auf Entspannung und Vertrauensbildung zwischen den Machtblöcken („Ostverträge“ Anfang der 1970er Jahre). Gesellschaftlich waren die 1960er und 1970er Jahre von heftigen Auseinandersetzungen, kulturellen Umbrüchen und Generationenkonflikten geprägt: Eine marxistisch-maoistisch orientierte „Außerparlamentarische Opposition“ (APO) richtete sich gegen die Politik der Großen Koalition (z. B. 1968 gegen die „Notstandsverfassung“), gegen den Krieg der USA in Vietnam sowie grundsätzlich gegen die Werte einer bürgerlichen Gesellschaft („Studentenrevolte“, Auseinandersetzung mit der verdrängten NS-Vergangenheit der Eltern-Generation). In den 1970er Jahren mündeten militante Ausläufer der Protestbewegung in den Terrorismus der RAF („Rote Armee Fraktion“), in deren Verlauf zahlreiche Straftaten (darunter über 30 Morde) begangen wurden.

Die DDR, die sich seit 1961 durch den Mauerbau vor dem Westen abgeschottet hatte, reagierte in den 1970er Jahren auf die lauter werdende Kritik ihrer Intellektuellen an der herrschenden Bevormundung und den Entwicklungen im real existierenden Sozialismus mit der Bespitzelung durch Staatssicherheit und einem Heer „informeller Mitarbeiter“, der Verhängung von Berufsverboten, mit

Inhaftierung sowie mit Ausbürgerungen und Abschiebungen. Prominente DDR-„Dissidenten" sind Jürgen Fuchs, Wolf Biermann, Rudolf Bahro, Erich Loest, Hans Mayer und Bettina Wegener.

Die 1980er Jahre

Die 1980er Jahre waren in der Bundesrepublik gekennzeichnet durch den Regierungswechsel von der sozial-liberalen zur christlich-liberalen Koalition von CDU und FDP unter Führung von Bundeskanzler Helmut Kohl. Die Opposition gegen den sogenannten „Nato-Doppelbeschluss" 1979 (Erweiterung der nuklearen Mittelstreckenwaffen in Westeuropa) und ein zunehmendes ökologisches Bewusstsein führten zur Gründung zahlreicher Bürgerinitiativen, Friedens- und Umweltschutzbewegungen sowie alternativer politischer Gruppierungen. Bei der Bundestagswahl 1983 zog erstmals die 1980 gegründete Partei „Die Grünen" in den Bundestag ein. Die Neuausrichtung der sowjetischen Politik, die der neue Parteichef Michail Gorbatschow mit den Schlagworten „Perestroika" (Umgestaltung, Umbau) und „Glasnost" (Transparenz, Offenheit) betrieb, führte zusammen mit dem gewaltlosen Widerstand der DDR-Bürger 1989 zur Öffnung der Grenze zwischen den beiden deutschen Staaten (9. 11. 1989) und im Jahr darauf zur offiziellen Wiedervereinigung (3. 10. 1990).

Die 1990er Jahre

Die 1990er Jahre wurden außenpolitisch bestimmt durch die Neudefinition der Rolle, die das wiedervereinigte Deutschland in Europa und der Welt spielen sollte (Beteiligung an Kampfeinsätzen der NATO, Diskussion über einen ständigen Sitz im UN-Sicherheitsrat). Insbesondere die rot-grüne Regierung unter Bundeskanzler Gerhard Schröder trug durch die Entscheidung für den ersten Kampfeinsatz deutscher Soldaten nach dem Zweiten Weltkrieg (Kosovo-Einsatz 1999) zu der Neubestimmung der Rolle Deutschlands bei. Diese Politik wurde von der schwarz-roten (Große Koalition; 2005–2009, wieder seit 2013) bzw. schwarz-gelben (2009–2013) Regierung unter der Führung von Bundeskanzlerin

Angela Merkel fortgesetzt. Innenpolitisch waren die Anstrengungen darauf gerichtet, die kulturelle und materielle Überwindung der Teilung und den Aufbau der neuen Bundesländer voranzutreiben.

Gleichzeitig kam es zu einer (letztlich bis heute andauernden) gesellschaftlichen Aufarbeitung der DDR-Vergangenheit und der Rolle der Intellektuellen im SED-Staat (Stichwort: Stasi-Akten). Die Diskussion begann bereits 1990 mit dem sogenannten „Literaturstreit" um die ostdeutsche Autorin Christa Wolf und ihre Erzählung *Was bleibt* (1990).

2.3 Angaben und Erläuterungen zu wesentlichen Werken

Werkübersicht

2002/2008	*In Plüschgewittern* (Roman)
2007	*Diesseits des Van-Allen-Gürtels* (Erzählungen)
2007	*Die Rosenbaum-Doktrin* (Erzählung)
2010	*Tschick* (Roman)
2011	*Sand* (Roman)
2010–2013	*Arbeit und Struktur* (Online-Tagebuch auf http://www.wolfgang-herrndorf.de), posthum als Buch (2013)
2014	*Bilder deiner großen Liebe. Ein unvollendeter Roman* (posthum)

Darüber hinaus beteiligt sich Herrndorf regelmäßig an dem 1999 gegründeten Internetforum *Wir höflichen Paparazzi*, in dem Berichte über zufällige Begegnungen mit Prominenten gepostet werden. Außerdem beteiligt er sich an dem Blog *Riesenmaschine. Das brandneue Universum*, über das die Autoren schreiben:

> „Die Riesenmaschine ist kein ‚Portal im Internet'. Die Riesenmaschine ist kein ‚Satiremagazin'. Die Autoren der Riesenmaschine sind keine ‚Zyniker'. In der Riesenmaschine schreiben keine ‚Autoren und solche, die es werden wollen', sondern Autoren und solche, die schon etwas ganz anderes sind, z. B. Astronom oder Pornodarsteller. Es ist keineswegs ‚jeder dazu eingeladen, sich an riesenmaschine.de zu probieren', eingeladen ist vielmehr, wer eingeladen wurde. Die Riesenmaschine ist kein ‚virtuelles Tagebuch'."[4]

4 http://riesenmaschine.de/wahrheit.html (Stand Oktober 2013)

Das Blog kommentiert aktuelle Entwicklungen in Wissenschaft, Wirtschaft und Kultur.

Preise und Auszeichnungen

2004	Kelag-Publikumspreis des Ingeborg-Bachmann-Wettbewerbs für *Diesseits des Van-Allen-Gürtels*
2008	Deutscher Erzählerpreis für *Diesseits des Van-Allen-Gürtels*
2011	Deutscher Jugendliteraturpreis für *Tschick*
2011	Clemens-Brentano-Preis für *Tschick*
2012	Hans-Fallada-Preis für *Tschick*
2012	Preis der Leipziger Buchmesse für *Sand*
2012	Literaturpreis des Kulturkreises der deutschen Wirtschaft

Erläuterungen zu einzelnen Werken

In Plüschgewittern (2002/überarbeitet 2008)	Der Ich-Erzähler, ein Mann um die dreißig, kommt vom Land nach Berlin und erlebt dort ein scheinbar schrankenloses Leben zwischen Altbaupartys und Arbeitslosigkeit. Der Roman ist eine scharfsichtige Analyse des Berliner Szenelebens. Der Held leidet an sich und an der Welt, seine Wahrnehmung der ihn umgebenden Realität verdichtet sich in zum Teil sarkastischen Kommentaren.	Scharfsichtige Analyse des Berliner Szenelebens
Diesseits des Van-Allen-Gürtels (2007)	Der Band enthält sechs Erzählungen: *Der Weg des Soldaten, Blume von Tsingtao, Im Oderbruch, Herrlich, diese Übersicht, Diesseits des Van-Allen-Gürtels* und *Zentrale Intelligenz Agentur*. Die überwiegend aus der Ich-Perspektive erzählenden Geschichten weisen biografische Anknüpfungspunkte auf (Aufenthalt als Kunststudent in Nürnberg und Wohnsitz in Berlin). Zum Teil widmen sie sich Themen der Adoleszenzliteratur (Identitätsfindung und Aufbau sozialer Beziehungen in *Der Weg des Soldaten,*	Sechs Erzählungen

		Lebensträume/Gesellschaftskritik/Identitätsfindung in *Diesseits des Van-Allen-Gürtels*). Kriminalliterarische Motive finden sich z. B. in *Blume von Tsingtao*, in der sich ein Krankenpfleger mit dem Geld eines ermordeten Patienten auf eine Weltreise begibt. Das Motiv der Reise, die wie in *Tschick* zum Raum der Identitätsfindung wird, spielt in *Der Weg des Soldaten* und *Blume von Tsingtao* ebenfalls eine wichtige Rolle. In *Der Weg des Soldaten* tritt mit Franco Cosic eine Figur auf, die denselben Nachnamen trägt wie Tatjana in *Tschick*.
Fiktives Interview	*Die Rosenbaum-Doktrin* (2007)	Fiktives Interview, das Herrndorf mit dem Astronauten Friedrich Jaschke führt. Thematisch geht es um die Frage des Umgangs mit unerklärlichen Dingen, die den Astronauten im Weltraum begegnen könnten. Jaschke zitiert dazu die sogenannte „Rosenbaum-Doktrin", nach der für solche Fälle die Eliminierung des Phänomens vorgeschrieben ist.
Sahara 1972	*Sand* (2011)	Der Roman spielt größtenteils in der Sahara im Jahre 1972. Nach der Ermordung von mehreren Menschen in einer Hippie-Kommune wird der vermeintliche Mörder schnell festgenommen, es gelingt ihm aber auf dem Weg zur Hinrichtung die Flucht und seine Spur verliert sich. Der Held des Romans, Carl, hat offenbar sein Gedächtnis verloren und wird verfolgt. Er trifft auf die Amerikanerin Helen, die sich als Mitglied der Verfolgergruppe herausstellt, die Carl schließlich in ihre Gewalt bringt. Nachdem auch das von Folter begleitete Verhör Carls keine Ergebnisse bringt, lassen sie ihn angekettet in einer Höhle zurück. Carl gelingt zwar die Flucht, er wird kurz darauf aber von einem Bergarbeiter erschossen. Der Roman arbeitet mit intermedialen Anspielungen (z. B. an die Bourne-Filmreihe von Paul Greengrass), narratologisch (unerwarteter Wechsel der Erzählperspektive, *Sand*, S. 451) und gattungstypisch trägt er postmoderne Kennzeichen. Im Hinblick auf die Gattungszuordnung schreibt Herrndorf in seinem Blog *Arbeit und Struktur*:

	„Joachim hat *Sand* zur Hälfte gelesen und stellt die Frage, die ich mir auch schon lange gestellt habe: Was ist denn das nun eigentlich? Der Verlag hat es mal Richtung Thriller gelabelt, aber es ist ein weites Feld zwischen Unterhaltungs-, Schund- und Gesellschaftsroman, von Thor Kunkel bereits mäßig erfolgreich beackert."[5]
Arbeit und Struktur (Blog 2010–2013, als Buch 2013, posthum)	Das Webtagebuch, das posthum als Buch publiziert wurde, dokumentiert das Leben des Autors seit der Diagnose der Krebserkrankung im Jahre 2010 bis kurz vor dem Suizid im Jahre 2013. Das Blog enthält sowohl Informationen über persönliche Lebensumstände als auch Reflexionen über bereits existierende Werke (z.B. *Tschick*) und über im Entstehungsprozess befindliche Werke (z. B. eine Fortsetzung von *Tschick* aus der Perspektive von Isa; auf diese Fortsetzung wird erstmals in einem Eintrag am 19.6.2011 hingewiesen).
Bilder deiner großen Liebe. Ein unvollendeter Roman (2014, posthum)	In dem von Marcus Gärtner und Kathrin Passig herausgegebenen unvollendeten Roman wird die Nebenfigur Isa aus *Tschick* zur Protagonistin. In 33 zum Teil sehr kurzen Kapiteln werden Beobachtungen, Begegnungen und Reflexionen der vierzehnjährigen Isa aus der Ich-Perspektive wiedergegeben. Der Roman setzt mit ihrer Flucht aus einer psychiatrischen Klinik ein (vgl. *Bilder deiner großen Liebe*, Kap. 1); auf ihrer Wanderung erinnert sie sich an ihre Kindheit, vor allem an ihren Vater, der in ihr den Wunsch weckte, im Freien zu schlafen (vgl. *Bilder*, Kap. 4, 6 und 7), was sie gleichzeitig als den Beginn ihrer psychischen Erkrankung ansieht (vgl. *Bilder*, S. 14). Mit 10 Jahren wird sie straffällig (vgl. *Bilder*, Kap.10). Der Kapitän eines Lastkahns nimmt sie ein Stück weit mit und erzählt ihr, dass er ein gesuchter Bankräuber sei (vgl. *Bilder*, Kap. 15). Auf ihrem weiteren

Webtagebuch

5 *Arbeit und Struktur* (25. 9. 2011 15:30): http://www.wolfgang-herrndorf.de/2011/09/zwanzig/ (Stand Oktober 2013)

Weg erinnert sie sich an Mutproben ihrer Kindheit (vgl. *Bilder*, Kap.18); sie trifft Menschen, deren Verhaltensweisen die Frage aufwerfen, was „normal" ist bzw. was als „psychisch krank" bezeichnet werden kann: einen in ihrer Gegenwart onanierenden Fahrer eines Schweinetransports (vgl. *Bilder*, Kap. 27); zwei gewalttätige alkoholisierte Obdachlose (vgl. *Bilder*, Kap. 21); einen unglücklichen Gleichaltrigen (vgl. *Bilder*, Kap. 23). Gedanken an den Tod sind ihre permanenten Begleiter (vgl. *Bilder*, S. 102); auf ihrer Wanderung findet sie eine Pistole bei einem toten Förster (vgl. *Bilder*, S. 100) und entsichert sie, als sie sich am Ende der Erzählung erneut darüber klar zu werden versucht, ob sie psychisch krank ist (vgl. *Bilder*, S. 128 f.). Diese Verbindung von psychischer Problematik und Schusswaffe legt eine Verbindung zum Schicksal des Autors von *Tschick* nahe. Isa erzählt kurz über die Begegnung mit Maik und Tschick (vgl. *Bilder*, S. 118–124); sie klingt allerdings wenig optimistisch im Hinblick auf die Chancen eines Wiedersehens.

3. TEXTANALYSE UND -INTERPRETATION

3.1 Entstehung und Quellen

ZUSAMMEN-FASSUNG

Wolfgang Herrndorf erzählt in einem Interview, dass er im Jahre 2004 die Bücher seiner Jugend wieder gelesen habe. Er nennt als Beispiele *Herr der Fliegen* von William Golding, *Huckleberry Finn* von Mark Twain und *Der Bericht des Arthur Gordon Pym* von Edgar Allan Poe, *Pik reist nach Amerika* von Franz Werner Schmidt. Er stellt fest, dass diese Bücher drei Gemeinsamkeiten aufweisen: Fehlen der erwachsenen Bezugspersonen, Reise und Wasser. Alle diese Motive wollte er in einem Jugendroman um ein gestohlenes Auto vereinen.

In einem 2011 in der „Frankfurter Allgemeinen Zeitung" veröffentlichten Interview mit Kathrin Passig äußert sich Wolfgang Herrndorf zur Entstehung und den Quellen seines Romans:

Bücher der Kindheit als Erwachsener wieder gelesen

> „Ich habe um 2004 herum die Bücher meiner Kindheit und Jugend wieder gelesen, *Herr der Fliegen*, *Huckleberry Finn*, *Arthur Gordon Pym*, *Pik reist nach Amerika* und so. Um herauszufinden, ob die wirklich so gut waren, wie ich sie in Erinnerung hatte, aber auch, um zu sehen, was ich mit zwölf eigentlich für ein Mensch war. Und dabei habe ich festgestellt, dass alle Lieblingsbücher drei Gemeinsamkeiten hatten: schnelle Eliminierung der erwachsenen Bezugspersonen, große Reise, großes Wasser. Ich habe überlegt, wie man diese drei Dinge in einem halbwegs realistischen Jugendroman unterbringen könnte. Mit dem Floß die Elbe runter schien mir lächerlich; in der Bundesrepublik des

einundzwanzigsten Jahrhunderts als Ausreißer auf einem Schiff anheuern: Quark. Nur mit dem Auto fiel mir was ein. Zwei Jungs klauen ein Auto. Da fehlte zwar das Wasser, aber den Plot hatte ich in wenigen Minuten im Kopf zusammen."[6]

Klassische Kinderliteratur als Inspiration für *Tschick*

Bereits den 2002 entstandenen Erstlingsroman *In Plüschgewittern* ordnet Herrndorf dem Genre „Adoleszenzroman" zu, obgleich der Protagonist bereits 30 Jahre alt ist. Im klassischen Adoleszenzroman sind die Helden wesentlich jünger. Solche klassischen Vorbilder gibt Herrndorfs als Quellen für *Tschick* an:

→ William Golding, *Herr der Fliegen* (1954):
Nach einem Flugzeugsabsturz retten sich die überlebenden Kinder auf eine einsame Insel. Dort organisieren sie ihr Zusammenleben durch aufgestellte Regeln für diejenigen, die sich um die Nahrung kümmern und diejenigen, die das Feuer bewachen müssen. Es kommt zu gewalttätigen Auseinandersetzungen, denen erst dann Einhalt geboten wird, als Erwachsene auf die Insel gelangen und die Kinder nach Hause zurückbringen.
→ Mark Twain, *Tom Sawyers Abenteuer* (1876) und *Huckleberry Finns Abenteuer* (1884):
Der Roman spielt am Ende des 19. Jahrhunderts im Süden Amerikas. Tom wächst bei seiner strengen Tante Polly auf, Huck lebt allein. Beide freunden sich an und erleben auf ihrer Floßfahrt auf dem Mississippi zahlreiche Abenteuer.
→ Edgar Allen Poe, *Die Geschichte des Arthur Gordon Pym* (1838):
Pym träumt schon in seiner Kindheit davon, zur See zu fahren. Als Jugendlicher versteckt er sich auf einem Walfänger und erlebt zahlreiche Abenteuer, die ihn immer weiter in den Süden

---

6 Kathrin Passig in der „Frankfurter Allgemeinen Zeitung" vom 31. 1. 2011

bringen. Am Ende teilt der Erzähler nur noch Pyms Tod mit, ohne die näheren Umstände zu beschreiben.

→ Franz Werner Schmidt, *Pik reist nach Amerika* (1927): Der Junge Ben will sein gestohlenes Eichhörnchen zurückholen. Dazu reist er als blinder Passagier auf einem Schiff nach Amerika und kehrt schließlich wohlbehalten mit dem Tier zurück.

Als gemeinsame Grundelemente stehen für Herrndorf die Eliminierung der erwachsenen Bezugsperson, das Unternehmen einer Reise (die er später nach dem Vorbild der „Heldenreise" ausgestaltet) und das Wasser als Element, in dem die Reise stattfindet im Vordergrund. Dass die Reise seiner Helden nicht auf dem Wasser stattfinden dürfe[7], sei Herrndorf genauso wie der Plot der Handlung in wenigen Augenblicken klar gewesen.

Tschick als zeitgenössischer Adoleszenzroman

Das Schreiben eines zeitgenössischen Adoleszenzromans erfordert auch immer die Annäherung an jugendsprachliche Ausdrucksformen. Wenn man die Sprache analysiert, die Herrndorf in *Tschick* verwendet, dann zeigt sich, dass es kein Dialekt oder jugendsprachlicher Slang ist, sondern eine Kunstsprache mit Merkmalen der Umgangssprache, zahlreichen Fäkalausdrücken und jugendsprachlichen Syntagmen bzw. Idiomen. Herrndorf äußert sich zu seiner Verfahrensweise: „Ich habe meinem Erzähler einfach zwei Wörter gegeben, die er endlos wiederholt, und den Rest über die Syntax geregelt. Wenn man erst anfängt, mit Slang um sich zu schmeißen, wird man doch schon im nächsten Jahr ausgelacht."[8]

---

7 vielleicht eine Anspielung auf den berühmten Kinderfilm *Flussfahrt mit Huhn* (1984) von Arend Agthe

8 Kathrin Passig in der „Frankfurter Allgemeinen Zeitung" vom 31. 1. 2011

Biografische Bezüge

Die Handlung spielt in Berlin, in der Stadt also, in der Herrndorf lebte. Die Reise der beiden Jungen findet in der Umgebung von Berlin und überwiegend in Brandenburg statt.

Aufnahme

Der Roman erhielt eine sehr positive Resonanz von der Literaturkritik, *Tschick* bekam bereits 2011 den Deutschen Jugendliteraturpreis und den Clemens-Brentano-Preis. Die Rezensionen loben die Lebendigkeit der Figuren, die Aktualität der dargestellten Themen, sie stellen ihn in eine Reihe mit J. D. Salingers *Der Fänger im Roggen*, der gemeinhin als Prototyp des modernen Adoleszenzromans angesehen wird.[9]

Großer Erfolg des Romans

Tschick wurde bereits in zahlreiche Sprachen übersetzt; in seinem Blog *Arbeit und Struktur* äußert sich Herrndorf leicht ironisch zum internationalen Erfolg des Buches: „*Tschick* jetzt Schullektüre auf Costa Rica, Bilder einer blauuniformierten Klasse, die unter Palmen sitzt und liegt und liest."[10]; auch über die Erhebung in den Rang einer Pflichtlektüre hat er Spott übrig:

> „In Baden-Württemberg dagegen läuft der Buchverkauf so schleppend, dass jugendliche Straftäter zur Lektüre verurteilt werden müssen: Buch kaufen, lesen, fünfseitige handschriftliche Inhaltsangabe, und falls das nicht klappt, ‚kann ich bis zu vier Wochen Ungehorsamsarrest verhängen'. Richter Hamann, Amtsgericht Reutlingen."[11]

---

9 ebd., Herrndorf stört dieser permanente Vergleich mit Salinger, wie er bekennt: „Ich musste eine Runde Bier ausgeben, als die erste Rezension ohne Salinger erschien."

10 *Arbeit und Struktur* (12.10. 2011 14:44): http://www.wolfgang-herrndorf.de/2011/09/zwanzig/ (Stand Oktober 2013)

11 ebd.

Herrndorf erhält bis heute lobende Rückmeldungen von Seiten seiner jugendlichen Leser:

> „Mädchenschönschrift, liniertes Papier, Realschule, Baden-Württemberg: ‚Eigentlich *hasse* ich es Bücher zu lesen, aber das hier hat mir Spaß gemacht. Das ist auch das Beste was ich gelesen habe, aber ich habe eh nur 2 gelesen. Das andere war aber scheiße.'
>
> Die Lieblingsstellen der Vierzehnjährigen sind die Schimpfwortorgie von Tschick und Isa auf der Müllkippe (von Gymnasiasten immer wieder kritisiert, ‚weil wir dann dieselben Worte benutzen') und die Szene, wo der Mann sich einen runterholt, während Isa die Haare geschnitten bekommt.
>
> Ihre Klassenkameradin A. schreibt: ‚Ich konnte mich sehr gut in Maik hinein versetzen, da er im gleichen Alter wie ich ist und ich so ähnliche Sachen machen würde.'
>
> Im Nachhinein bedauere ich, die Autoknack- und Fahranleitung nicht so ausführlich behandelt zu haben wie ursprünglich geplant."[12]

Gattung

Das Buch trägt die paratextuelle Bezeichnung „Roman", genauer handelt es sich um einen Adoleszenzroman, v. a. wegen der Fokussierung auf die jugendlichen Protagonisten. Herrndorf gestaltet die typischen Themen einer *coming-of-age*-Geschichte und verbindet sie mit Motiven der *road-novel.*

---

12 *Arbeit und Struktur* (22.10. 2012, 8:31): http://www.wolfgang-herrndorf.de/2012/10/dreiunddreissig/ (Stand Oktober 2013)

3.2 Inhaltsangabe

ZUSAMMENFASSUNG

Die beiden 14-jährigen Klassenkameraden Maik Klingenberg und Andrej Tschichatschow unternehmen während der Sommerferien eine Reise durch Ostdeutschland in einem gestohlenen Auto. Die Familien, aus denen beide Schüler stammen, sind unterschiedlich: Maiks Mutter ist Alkoholikerin, sein Vater scheitert mit Immobilieninvestitionen, Maik selbst ist ein Außenseiter in der Klasse genauso wie Andrej, der „Tschick" genannt wird und der mit seinem Bruder aus Russland gekommen ist. Auf ihrer planlosen Reise begegnen sie Menschen, die ihnen in schwierigen Situationen helfen: Bei einer Familie können sie ausgiebig zu Mittag essen, Isa, ein Mädchen, das auf einer Müllkippe lebt, zeigt ihnen, wie man Benzin aus einem Tank zapft, eine Sprachtherapeutin leistet nach einem Autounfall erste Hilfe. Zwischen den beiden Jungen entwickelt sich eine enge Freundschaft. Nach dem zweiten Unfall kommt Andrej in ein Heim, während Maik nach einem Krankenhausaufenthalt nun nicht mehr als Außenseiter in das neue Schuljahr starten kann.

Kap. 1 (S. 7–11)

Maik auf der Polizeistation

Maik Klingenberg, 14 Jahre alt, findet sich nach einem Unfall auf einer Polizeistation wieder, wo seine Personalien aufgenommen werden. Es ist ihm bewusst, dass er zusammen mit Tschick, dessen Aufenthaltsort er nicht verraten will, strafbare Handlungen begangenen hat. Er ist sehr nervös; als er seine Verletzungen bemerkt, fällt er in Ohnmacht.

Kap. 2 (S. 12–14)

Maik kommt in ein Krankenhaus; er schläft aufgrund der ihm verabreichten Medikamente immer wieder ein und nimmt daher nur Bruchstücke der Realität wahr.

Maik im Krankenhaus

Kap. 3 (S. 15 f.)

Maik erzählt von der Krankenschwester Hanna, die ihn im Krankenhaus versorgt, zu der er sich erotisch hingezogen fühlt und mit der er ernste Gespräche führt.

Kap. 4 (S. 17–20)

Der Arzt will von Maik wissen, ob seine Kopfwunde, die von einem Sturz auf der Polizeistation herrührt, möglicherweise durch einen Polizeibeamten verschuldet ist. Maik nimmt die Polizisten in Schutz, lobt die Behandlung durch die Beamten und erläutert, dass der Schock über das plötzliche Gewahrwerden seiner Beinverletzung die Ohnmacht und den Sturz verursacht hätten. Am Ende des Gesprächs eröffnet Maik dem Arzt, dass die Walachei das Reiseziel gewesen sei.

Kap. 5 (S. 21–23)

5. Klasse: Mit diesem Kapitel beginnt der Rückblick Maiks auf sein bisheriges Leben. Er denkt darüber nach, warum er außer dem kurzfristigen Spitznamen „Psycho“ nie einen Spitznamen hatte und er führt das darauf zurück, dass er keine Freunde hat und für andere uninteressant ist. Er erzählt von der Freundschaft mit seinem ehemaligen Klassenkameraden Paul, die aber auseinandergegangen ist, nachdem Paul weggezogen war und Maik in die 5. Klasse des Gymnasiums wechselte. Das Kapitel endet mit einer verliebten Beschreibung der Mitschülerin Tatjana Cosic, die er persönlich noch gar nicht kennengelernt hat.

Maiks Rückblick auf sein bisheriges Leben

Kap. 6 (S. 24–32)

Maik erhält den Spitznamen „Psycho“

6. Klasse: Maik erzählt, wie er zu dem Spitznamen „Psycho“ kommt: Der Grund dafür ist ein Aufsatz, den er in der 6. Klasse schreibt und in dem er von den Entzugsaufenthalten seiner alkoholkranken Mutter berichtet, die die Entzugsklinik als „Beautyfarm“ tituliert. In dem Aufsatz erzählt er auch vom offenen Umgang seiner Mutter mit ihrer Erkrankung. Die Resonanz auf den Text in der Klasse ist groß, sein Lehrer aber kritisiert ihn scharf dafür, dass er die Persönlichkeitsrechte seiner Mutter nicht geachtet hat. Maik kann diese Kritik nicht nachvollziehen.

Kap. 7 (S. 33–35)

Maik verliert seinen Spitznamen

7. Klasse: Maik verliert seinen Spitznamen rund ein Jahr später während eines Schulausflugs, als ein neuer Mitschüler, der von allen bewundert wird, meint, Maik sei doch langweilig.

Kap. 8 (S. 36–40)

Mike will Tatjana beeindrucken

8. Klasse: Maik schafft 1,65 m beim Hochsprung und ist damit Klassenbester. Seine Hoffnung, dass er mit dieser Leistung Tatjana beeindrucken kann, wird enttäuscht, da diese sich während des Sprungs mit der Sportlehrerin unterhält und ihn nicht beachtet.

Kap. 9 (S. 41–49)

Tschick kommt in Maiks Klasse

8. Klasse: Tschick kommt nach den Osterferien als neuer Schüler in die 8. Klasse von Maik. Er stammt aus Russland, macht einen verwahrlosten Eindruck. Die Klasse erfährt, dass er vor vier Jahren aus Russland gekommen ist und es in dieser Zeit aufgrund seiner Leistungen von der Förderschule bis auf das Gymnasium geschafft hat. In den ersten Tagen in der neuen Klasse macht Tschick keinen aufgeweckten Eindruck, er beteiligt sich nicht am Unterricht. Gerüchte über angebliche Verbindungen zur russischen Mafia ent-

stehen und werden durch eine Szene genährt, in der Tschick sich gegenüber älteren Schülern mit wenigen Sätzen Respekt verschafft.

Kap. 10 (S. 50–52)

8. Klasse: Nachdem Tschick zwei Wochen auf der neuen Schule ist, erhält er eine Mathematikarbeit mit der Note „ungenügend" zurück, woraufhin er zusammenbricht und sich übergeben muss. Die Lehrer nehmen Notiz von seinem Alkoholproblem und führen die schwankenden schulischen Leistungen darauf zurück. Mit der Zeit wird sein Zustand stabil.

Tschicks Alkoholproblem

Kap. 11 (S. 53–56)

8. Klasse: In einer Deutschstunde kurz vor den Sommerferien wird Tschick aufgefordert, eine Keuner-Geschichte Bertolt Brechts zu interpretieren. Er deutet die Parabel als Geschichte eines Waffenhändlers, der auf der Straße erkannt wird, obgleich er sich das Gesicht chirurgisch verändern ließ. Der Deutschlehrer zeigt keine Reaktion auf diese Deutung.

Kap. 12 (S. 57–63)

Letzter Schultag der achten Klasse (Mittwoch, 7. 7. 2010): Obwohl sie erst in der Mitte der Ferien Geburtstag hat, will Tatjana ihren 14. Geburtstag bereits am zweiten Ferientag feiern, da sie am dritten Ferientag mit ihren Eltern in den Sommerurlaub fährt. Maik hofft vergeblich darauf, eine Einladung zu ihrer Geburtstagsfeier zu erhalten, als Geschenk zeichnet er wochenlang an einem Bild ihrer Lieblingssängerin Beyoncé. Als auch nach dem Ende des letzten Schultages keine Einladung eingetroffen ist, geht Maik enttäuscht nach Hause; er wird von Tschick begleitet, der seine Jacke abkaufen will. Maik macht ihm deutlich, dass er keinen Kontakt zu ihm wünscht.

Maik weist Tschicks Kontaktaufnahme ab

Kap. 13 (S. 64–73)

Maiks Eltern lassen ihn allein und er fühlt sich einsam

Letzter Schultag der achten Klasse (Mittwoch, 7. 7. 2010): Maik muss nochmals zur Schule zurücklaufen, um sein Fahrrad zu holen. Sein Weg führt ihn an dem Grundstück in Berlin-Marzahn vorbei, das die finanzielle Misere seines Vaters verursacht hat, nachdem es als Naturschutzgebiet und nicht mehr als Bauland ausgewiesen werden sollte. Maik langweilt sich und weiß nicht, was er in den Ferien machen könnte. Seine Mutter bricht zu einem weiteren vierwöchigen Aufenthalt in einer Entzugsklinik auf; sein Vater eröffnet ihm, dass er ihn zwei Wochen wegen einer angeblichen Geschäftsreise alleine lassen müsse: In Wahrheit macht er Urlaub mit seiner Sekretärin Mona. Maik fühlt sich allein gelassen und weint.

Kap. 14 (S. 74–78)

Tschick kommt zu Maik und die beiden verbringen Zeit miteinander

Letzter Schultag der achten Klasse (Mittwoch, 7. 7. 2010): Nachmittags kommt Tschick auf einem alten, kaputten Damenfahrrad zu Maiks Haus gefahren. Maik überlässt ihm das Werkzeug, damit er das Rad reparieren kann. Tschick besichtigt das Elternhaus von Maik und ist begeistert von dessen Ausstattung. Beide Jungen stellen fest, dass sie nicht zu Tatjanas Party eingeladen sind; sie verbringen ihre Zeit mit dem Spielen von GTA (*Grand Theft Auto*); Tschick geht erst gegen Mitternacht nach Hause.

Kap. 15 (S. 79–81)

Tschick taucht in einem alten Lada bei Maik auf

Erster Ferientag (Donnerstag, 8. 7. 2010): Maik hat sich beruhigt, er verbringt den Vormittag am häuslichen Pool und liest in der Biografie des „Seeteufels" Graf Luckner, das er als sein Lieblingsbuch bezeichnet. Dann sprengt er den Rasen, bis Tschick in einem alten, hellblauen Lada Niva eintrifft.

Kap. 16 (S. 82–88)

Erster Ferientag (Donnerstag, 8. 7. 2010): Tschick lädt Maik auf eine Ausfahrt in dem gestohlenen Auto ein, Maik lässt sich widerwillig darauf ein. Während der Fahrt diskutieren beide über die Frage, ob sie für das Fahren ohne Fahrerlaubnis juristisch belangt werden können oder ob sie noch nicht strafmündig sind. Da Maik in Erinnerung an Gespräche seiner Eltern der Ausdruck „Liebling" herausrutscht, fragte Tschick, ob er homosexuell sei, was Maik entschieden zurückweist. Maik bekennt, dass er gerne auf Tatjanas Party gegangen wäre und dass er sogar eine Zeichnung für sie angefertigt hat. Aus dem Riss in der Zeichnung schließt Tschick, dass Maik das Mädchen gerne hat.

Tschick überredet Maik zu einer Spritztour

Kap. 17 (S. 89–94)

Zweiter Ferientag (Freitag, 9. 7. 2010)[13]: Tschick überredet Maik, Tatjana die Zeichnung zu übergeben. Sie fahren im Lada zu Tatjanas Haus, Maik übergibt ihr die Zeichnung, dann fahren beide schnell wieder weg.

Tschick und Maik fahren im Lada zu Tatjana, um ihr auf ihrer Party Maiks Zeichnung zu übergeben

Kap. 18 (S. 95–100)

Dritter Ferientag (Samstag, 10. 7. 2010): Maik und Tschick verbringen die Zeit mit dem Spielen von *Doom*. Tschick schlägt vor, gemeinsam in Urlaub zu fahren und seine Verwandten in der Walachei zu besuchen.

Idee, gemeinsam Urlaub zu machen

---

13 Rechnet man von der ersten konkreten Angabe eines Wochentages (Sonntag) am Beginn von Kap. 19 zurück ins Kapitel 17, so müsste der zweite Ferientag, an dem Tatjanas Feier stattfindet, ein Freitag gewesen sein, da die Sommerferien im Roman am Donnerstag, 8. 7. 2010 begannen (eine konkrete Datumsangabe, von der aus man zurückrechnen kann, findet sich auf S. 175). Zum Beginn von Kap. 17 (Freitag) findet sich aber kein deutlicher Hinweis darauf, dass seit dem Ende von Kap. 16 (Donnerstag) ein ganzer Tag vergangen ist. Noch schwieriger wird die Datierung, wenn man das reale Datum des Beginns der Berliner Sommerferien ansetzt: Mittwoch, 7. 7. 2010. Wie dem auch sei: Die Zeitstruktur des Romans ist hier nicht ganz stimmig.

Kap. 19 (S. 101–103)

Die beiden Jungen brechen in aller Frühe mit dem Lada auf

Vierter Ferientag / erster Tag der Reise (Sonntag, 11. 7. 2010): Tschick holt Maik um vier Uhr morgens ab; Tschick stiehlt den Lada, sie beladen ihn und brechen auf.

Kap. 20 (S. 104–109)

Sie meiden belebte Straßen, um weniger aufzufallen

Vierter Ferientag / erster Tag der Reise (Sonntag, 11. 7. 2010): Sie fahren Richtung Süden, ohne genau zu wissen, welche Route sie nach Rumänien bzw. in die Walachei nehmen müssen. Wegen ihrer unsicheren Fahrweise und der geringen Geschwindigkeit gefährden sie den Verkehr auf der Autobahn; aus diesem Grund entschließen sie sich, nur noch auf Nebenstraßen unterwegs zu sein; Tschick klebt sich Isolierband als Bartersatz ins Gesicht, damit er älter wirkt. Sie hören *Ballade pour Adeline*, Maik erzählt von seiner *Seewolf*-Lektüre. Eine genaue Orientierung ist nicht möglich, zumal sie nur kleine Ortschaften anfahren wollen und sich schließlich darauf konzentrieren, nur noch Ortschaften anzufahren, die mit M oder T beginnen, oder solche, deren Entfernung mit einer Primzahl angegeben wird. Auch eine Orientierung mittels Uhrzeit gelingt ihnen nicht. Schließlich fahren sie auf Feldwegen und halten an einem Feld, auf dem große Kürbisse wachsen.

Kap. 21 (S. 110–112)

Vierter Ferientag / erster Tag der Reise (Sonntag, 11. 7. 2010): Beide fahren durch ein Weizenfeld, kurz vor einer abschüssigen Wiese kann Tschick bremsen. Während sie essen, setzt starker Regen ein, der mehrere Stunden dauert und sie an der Weiterfahrt hindert.

Kap. 22 (S. 113–115)

Tschick bringt Maik das Autofahren bei

Fünfter Ferientag / zweiter Tag der Reise (Montag, 12. 7. 2010): Kurz bevor der Bauer sie entdeckt, gelingt es ihnen, den Lada zurück

Isolierband als Bartersatz: *Tschick* am DNT Weimar 2012, Regie: Jakob Fedler, Ausstattung: Jürgen Lier, Schauspieler: Tobias Schormann (Maik) und Bastian Heidenreich (Tschick), Foto: Stephan Walzl

auf eine Straße zu steuern. Auf einer Wiese bringt Tschick Maik das Autofahren bei und erklärt ihm, wie man einen Wagen durch Kurzschließen startet.

Kap. 23 (S. 116–122)

Fünfter Ferientag / zweiter Tag der Reise (Montag, 12. 7. 2010): In einer Bäckerei treffen sie auf den Klassenkameraden Lutz Heckel, dessen korpulenter Vater ihnen belegte Brötchen spendiert. Die Ankunft eines Reisebusses mit Rentnern veranlasst Maik dazu, sich über das Älterwerden Gedanken zu machen, was ihn traurig macht.

Begegnung mit einem Klassenkameraden, Rentnern und Polizisten

Als sie zwei Polizisten entdecken, die Autokennzeichen kontrollieren, entschließen sie sich, das Kennzeichen des Lada zu wechseln. Sie wandern danach den Berg hinauf zu einer Aussichtsplattform. Sie verbringen den Nachmittag auf einer nahe gelegenen Wiese; abends bietet ihnen der Sternenhimmel den Anlass für ein Gespräch über die Unendlichkeit und Science-Fiction-Filme.

Kap. 24 (S. 123–125)

Sechster Ferientag / dritter Tag der Reise (Dienstag, 13. 7. 2010): Am nächsten Morgen kontrolliert Tschick zunächst, ob der Wagen noch da ist. Auf dem Aussichtspunkt begegnen sie einer Gruppe von Radfahrern, die sich als „Adel auf dem Radel“ (S. 124) vorstellen. Aussehen, Kleidung und Verhalten stehen im Kontrast zu denjenigen der beiden Jungen.

Kap. 25 (S. 126–133)

Auf der Suche nach einem Supermarkt begegnen sie einer netten Familie, die sie zum Essen einlädt

Sechster Ferientag / dritter Tag der Reise (Dienstag, 13. 7. 2010): Da sie großen Hunger haben, suchen sie einen Supermarkt. Sie werden von einer Familie zum Essen eingeladen, das sich wegen der Quizfragen als sehr unterhaltsam herausstellt.

Kap. 26 (S. 134–137)

Maik und Tschick werden bei einem Täuschungsversuch getrennt

Sechster Ferientag / dritter Tag der Reise (Dienstag, 13. 7. 2010): Zum Abschied bekommen sie von der Familie einen Kürbis geschenkt. Beide gehen dann doch noch in den Supermarkt, um einzukaufen; auf dem Rückweg wird ein Polizist auf sie aufmerksam. Ein Täuschungsversuch misslingt, und Tschick fährt schnell mit dem Wagen davon, während Maik das Fahrrad des Beamten stiehlt und hastig davon fährt.

Kap. 27 (S. 138–143)

Sechster Ferientag / dritter Tag der Reise (Dienstag, 13. 7. 2010); siebter Ferientag / vierter Tag der Reise (Mittwoch, 14. 7. 2010): Maik überlegt, wie er Tschick wieder finden kann und er geht zum letzten sicheren Ort zurück, an dem sie beide zusammen waren: Am Aussichtsturm findet er nach längerem vergeblichen Warten eine Cola-Flasche mit einer Nachricht Tschicks in einem Mülleimer. Tschick hat in der Zwischenzeit den Lada umgespritzt und ein neues Nummernschild angebracht; am Abend des vierten Reisetages holt er Maik am verabredeten Treffpunkt ab.

Sie finden wieder zueinander und setzen die Reise mit umgespritztem Auto und neuem Kennzeichen fort

Kap. 28 (S. 144–147)

Achter Ferientag / fünfter Tag der Reise (Donnerstag, 15. 7. 2010): Sie fahren wieder auf der Autobahn und fühlen sich wegen der neuen Autofarbe und wegen des neuen Kennzeichens sicher. Nach kurzer Zeit bemerken sie, dass sie kein Benzin mehr haben. Da sie aufgrund ihres Alters meinen, nicht regulär tanken zu können (und auch nicht wissen, wie es funktioniert), beschließen sie, Benzin aus den Tanks anderer Autos mittels eines Schlauches herauszuholen („Prinzip der kommunalen Röhren", S. 147).

Tankproblem

Kap. 29 (S. 148–155)

Achter Ferientag / fünfter Tag der Reise (Donnerstag, 15. 7. 2010): Die Suche nach einem passenden Schlauch führt die beiden zu einer Müllkippe, die rund drei Gehstunden entfernt von der Raststätte liegt. Auf der Kippe findet Maik ein Fotoalbum einer Familie, das ihn an seine eigene Familie erinnert und traurig macht. Tschick findet einen Kanister. Mit der Hilfe eines Mädchens, das auch auf der Müllkippe nach Brauchbarem sucht, finden sie einen passenden Schlauch. Zwischen dem Mädchen und Tschick entbrennt ein permanentes verbales Gefecht mit derben Beleidigungen. Dennoch

Die Jungen treffen Isa auf der Müllkippe

schließt sich das Mädchen schließlich den beiden Jungen an und begleitet sie auf ihrem Rückweg zum Auto.

Kap. 30 (S. 156–159)

Isa folgt ihnen zurück zum Auto

Achter Ferientag / fünfter Tag der Reise (Donnerstag, 15. 7. 2010): Das Mädchen redet die ganze Zeit, während sie zur Raststätte zurücklaufen. Sie erzählt z. B., dass sie später einmal beim Fernsehen arbeiten will. Während sie in der Brombeerhecke ihren Hunger stillen, fängt das Mädchen an, ein Lied von Beyoncé zu singen, was Maik beeindruckt. Tschick möchte sie loswerden, schickt sie mehrmals zurück, aber erst nachdem er ihr klargemacht hat, dass sie stinkt, folgt sie den Jungen nicht mehr in Augenweite, sodass sie davon ausgehen, dass sie es aufgegeben hat. Schließlich kommen sie nachts wieder an der Tankstelle an.

Kap. 31 (S. 160–163)

Isa zeigt ihnen, wie man Benzin aus einem Tank heraussaugt

Achter Ferientag / fünfter Tag der Reise (Donnerstag, 15. 7. 2010), neunter Ferientag / sechster Tag der Reise (Freitag, 16. 7. 2010): In derselben Nacht versuchen die beiden vergeblich, Benzin aus einem alten Golf herauszuholen. Das Prinzip, wie es Maik im Gedächtnis hatte, funktioniert nicht. Das Mädchen von der Müllkippe taucht auf, verspottet die beiden Jungen wegen ihrer vergeblichen Bemühungen und zeigt ihnen dann, wie man Benzin aus dem Auto durch Ansaugen herausholt.

Kap. 32 (S. 164–168)

Sie sind nun zu dritt unterwegs; Isas unfreiwilliges Bad im See

Neunter Ferientag / sechster Tag der Reise (Freitag, 16. 7. 2010): Das Mädchen heißt Isa und begleitet die Jungen auf ihrer Fahrt. Isa redet unaufhörlich, aber die Jungen sind ihr für ihre Hilfe dankbar. Der unangenehme Körpergeruch Isas stört alle. Als sie zu einem See kommen, stoßen sie Isa in das kalte Wasser. Auch wenn sie sich

zu Beginn über das unfreiwillige Bad noch beschwert, so ist sie am Ende, nachdem Tschick und Maik ihr im See Gesellschaft leisten, doch froh, ein Duschbad benutzen und sich waschen zu können. Maik ist angesichts des nackten Mädchens irritiert.

Kap. 33 (S. 169–172)

Zehnter Ferientag / siebter Tag der Reise (Samstag, 17. 7. 2010): Isa bittet Maik, ihr die Haare zu schneiden; sie zieht ihr Hemd aus, damit keine Haare darauf kommen. Isa fragte Maik, ob er mit ihr Geschlechtsverkehr haben wolle; Maik ist verunsichert und lehnt ab. Gleichzeitig findet er ihre Berührung angenehm. Als Tschick mit Brötchen vom Einkauf zurückkommt, verabreden sie, es zunächst mit Küssen zu versuchen.

Maik und Isa kommen sich näher

Kap. 34 (S. 173–177)

Zehnter Ferientag / siebter Tag der Reise (Samstag, 17 .7. 2010): Sie machen sich auf den Weg zum Gipfel eines nahen Berges. In der Nähe des Gipfelkreuzes steht eine Hütte, in die zahlreiche Namen eingeschnitzt sind. Die älteste Gravur stammt aus dem Jahre 1903 und betrifft einen Anselm Wail. Maik denkt über die Vergänglichkeit nach, als ihm bewusst wird, dass nicht nur Anselm Wail, sondern womöglich auch seine Kinder und seine Eltern nicht mehr am Leben seien. Er fragt sich, welche Umstände Anselm Wail wohl auf den Gipfel gebracht haben. Tschick ritzt ihre Namen ins Holz und sie verabreden, sich in 50 Jahren wieder an diesem Ort zu treffen. Als sie zum Auto zurückkommen, entschließt sich Isa, mit einem Reisebus weiterzufahren. Sie borgt sich 30 Euro von Maik mit dem Versprechen, es ihm zurückzugeben.

Auf einem Berggipfel verabreden sie, sich an derselben Stelle in 50 Jahren wiederzutreffen, Isa verabschiedet sich

„Wir stiegen aus und stellten uns auf die letzten Grasbüschel. Vor unseren Füßen war die Erde senkrecht weggefräst (...) und unten lag eine Mondlandschaft." (S. 179) Braunkohletagebau in Brandenburg © ullstein bild – INTRO / Rainer Steußloff

Kap. 35 (S. 178–181)

Elfter Ferientag / achter Tag der Reise (Sonntag, 18. 7. 2010): Als sie in der Ferne Blaulicht sehen, weichen sie in den Wald aus. Sie befahren einen abgesperrten Weg, der mit einem Mal an einem Tagebau endet. Sie entdecken eine alte Holzbrücke, auf der man die kraterartige Landschaft überqueren kann. Als sie auf der Brücke eine Pause machen, denkt Maik an Berlin und kann sich kaum vorstellen, wieder zur Schule zu gehen.

Kap. 36 (S. 182–188)

Elfter Ferientag / achter Tag der Reise (Sonntag, 18. 7. 2010): Nachdem sie die Brücke überquert haben, kommen sie in ein verlassenes Dorf, das dem Tagebau weichen musste. Mitten im Dorf werden sie beschossen. Der alte Mann ist Horst Fricke, er erzählt ihnen von seinen Erlebnissen an der Ostfront und von seiner Freundin, die als Kommunistin im Konzentrationslager umgebracht worden ist. Sein Resümee ist, dass das Leben sinnlos ist. Am Ende schenkt er den Jungen ein Fläschchen mit einem Elixier, das sie nur im Notfall öffnen sollen. Nach dem Abschied öffnen sie es, stellen fest, dass es stinkt und werfen es aus dem Fenster.

Bekanntschaft mit Horst Fricke

Kap. 37 (S. 189–192)

Elfter Ferientag / achter Tag der Reise (Sonntag, 18. 7. 2010): Auf der Suche nach einem fahrbaren Rückweg verlieren die Jungen die Orientierung, bis sie schließlich quer einen Abhang hinunterrutschen und sich ihr Auto überschlägt. Eine Frau, die Maiks Eindruck nach Ähnlichkeit mit einem Nilpferd hat, will ihnen helfen, aber der Feuerlöscher fällt ihr aus der Hand und direkt auf Tschicks Fuß.

1. Autounfall, eine Frau kommt zu Hilfe

Kap. 38 (S. 193–198)

Elfter Ferientag / achter Tag der Reise (Sonntag, 18. 7. 2010): Die Frau bedauert das Missgeschick mit dem Feuerlöscher und fährt beide in ein Krankenhaus. Auf dem Weg dorthin stellt sich heraus, dass sie Sprachtherapeutin ist, sie unterweist Tschick im korrekten Gebrauch seiner Stimme. Die Jungen gestehen, dass sie das Auto gestohlen haben; als Tschick schließlich zugibt, keine Krankenversicherung zu haben, sagt sie ihm die Übernahme aller Kosten zu.

Frau bringt sie ins nahegelegene Krankenhaus

Kap. 39 (S. 199–205)

Tschick soll Bettruhe halten

Elfter Ferientag / achter Tag der Reise (Sonntag, 18. 7. 2010), zwölfter Ferientag / neunter Tag der Reise (Montag, 19. 7. 2010): In der Notaufnahme der Klinik warten viele Menschen. Da Tschick keine Krankenversicherung hat, meldet Maik ihn unter dem falschen Namen André Langin an. Sie reden bis Mitternacht mit der Sprachtherapeutin, die ihnen beim Abschied 200 Euro in die Hand drückt. Tschick bekommt einen Gips und hat Schmerzen. Sie sehen, wie sich drei Männer um den Lada kümmern, der mittlerweile wieder auf seinen vier Rädern steht und nicht abgeschleppt worden ist. Der Arzt verordnet Tschick eine vierzehntägige Bettruhe. Eine Krankenschwester kommt herein und bringt Tschicks Karteikarte und Kaffee für beide.

Kap. 40 (S. 206–210)

Die Jungen sollen einen Verwandten anrufen, der sie abholt

Zwölfter Ferientag / neunter Tag der Reise (Montag, 19. 7. 2010): Die Krankenschwester besteht darauf, dass die Jungen eine angebliche Tante, bei der sie zu Besuch seien, anrufen. Maik wählt eine beliebige Nummer in der Hoffnung, dass morgens um vier Uhr niemand abhebt. Der Mann, der sich überraschenderweise doch meldet, versteht nach kurzer Zeit, dass sich die beiden Jungen in einer Notlage befinden und dass er die Rolle der Tante Mona spielen muss. Es wird verabredet, dass die vermeintliche Tante Mona die Jungen am Krankenhaus abholt.

Kap. 41 (S. 211–216)

Sie verlassen heimlich das Krankenhaus und kehren zum Lada zurück, der noch fahrtüchtig ist

Zwölfter Ferientag / neunter Tag der Reise (Montag, 19. 7. 2010): Beide laufen zum Lada zurück und stellen fest, dass er trotz des Unfallschadens noch fährt. Maik muss ihn steuern, da Tschicks Bein eingegipst ist. Sie sprechen über Mädchen und Tschick verrät Maik, dass er homosexuell ist. Als der Wagen auf der Autobahn wieder

Reisegeschwindigkeit aufgenommen hat, ist Maik euphorisch und fühlt sich unbesiegbar.

Kap. 42 (S. 217–220)

Zwölfter Ferientag / neunter Tag der Reise (Montag, 19. 7. 2010): Sie fahren den ganzen Tag auf der Autobahn und benutzen erst abends wieder eine Landstraße. Maik erinnert sich an das erste Mal, als ihm das Phänomen „Nacht" bewusst geworden ist. Als 8- oder 9-Jähriger war er vor einem Nachbarn davongelaufen, der ihn und seine Spielkameradin anzeigen wollte, weil sie im Feld eines Bauern gespielt hatten. Auf der Flucht durch die Nacht begegnet er zwei Frauen, von denen eine weint. Dies macht einen nachhaltigen Eindruck auf ihn.

Kap. 43 (S. 221–224)

Dreizehnter Ferientag / zehnter Tag der Reise (Dienstag, 20. 7. 2010): Sie fahren hinter einem Lastwagen her, der Schweine geladen hat. Der Lastwagen ist nur wenig schneller als sie. Maik nimmt Anlauf, um ihn zügig überholen zu können, da bemerken sie, dass der Anhänger ausschert und das Führerhaus überholt. Der Lastwagen kippt vor ihnen um und sie fahren direkt in ihn hinein. Maik denkt, dass sein Leben nun vorbei sei; er erinnert sich an seine Eltern, an Tatjana und an sein Leben in Berlin.

2. Autounfall, beide überleben

Kap. 44 (S. 225 f.)

Dreizehnter Ferientag / zehnter Tag der Reise (Dienstag, 20. 7. 2010): Beide überleben den Unfall, sind aber verletzt. Die überlebenden Schweine rennen auf der Autobahn herum. Maik klammert sich an der Antenne eines Fahrzeugs fest, das hinter ihnen steht. Tschick versucht zu flüchten.

Kap. 45 (S. 227–231)

Vier Wochen später, Maik weigert sich, gegen Tschick auszusagen und wird dafür von seinem Vater verprügelt

Ungefähr vier Wochen später, am Tag vor der Gerichtsverhandlung: Maiks Vater macht seinem Sohn mit Hilfe von Schlägen klar, dass er sich durch den Autodiebstahl in Schwierigkeiten gebracht hat. Er fordert ihn auf, gegen Tschick auszusagen, sodass zumindest die Konsequenzen der Tat für die Familie und für Maik selbst überschaubar bleiben. Dass Tschick der Anstifter gewesen sei, könne man aus seinem Vorstrafenregister, seiner Herkunft aus Russland und seiner problematischen Wohnsituation entnehmen. Tschick sei ein Asozialer, meint Maiks Vater. Maiks Familie sei von einem Mitarbeiter der Jugendgerichtshilfe dagegen als vorbildlich begutachtet worden. Maik weigert sich gegen Tschick auszusagen und wird daraufhin von seinem Vater verprügelt. Von Tschick weiß Maik nur, dass er in ein Heim gebracht worden ist.

Kap. 46 (S. 232–236)

Gerichtsverhandlung und Urteil

Ungefähr vier Wochen später, am Tag der Gerichtsverhandlung: Maik sagt wahrheitsgemäß aus und versucht dabei nur die Informationen wegzulassen, die andere belasten könnten. Auf die Frage des Richters, warum sie die Reise unternommen hätten, kann Maik nichts antworten und nimmt daher das Antwortangebot des Richters an, sie hätten „Fun" (S. 233) haben wollen. Auf die Frage, wer die Idee für die Reise gehabt habe, bekräftigt Maik, dass beide die Initiatoren gewesen seien, während Tschick in seiner Aussage alle Schuld auf sich nimmt. Die Jugendgerichtshilfe stellt fest, dass beide Jungen aus sozial unterschiedlichen Elternhäusern stammen und dass beide aber gleichermaßen vernachlässigt seien. Der Richter fällt das Urteil, dass Tschick im Heim bleiben und Maik Arbeitsstunden in einer sozialen Einrichtung ableisten müsse. Maik findet das Urteil in Ordnung.

Kap. 47 (S. 237–244)

Schulanfang, 9. Klasse: Maik vermisst in der ersten Stunde Tschick, Tatjana gefällt ihm nach wie vor. Überraschenderweise erhält er von Tatjana während des Unterrichts eine Zettelnachricht, mit der sie sich erkundigt, was mit ihm passiert sei. Nachdem er zunächst abgewiegelt hat, insistiert sie und will es genau wissen. Der Zettel, mit dem er es ihr erklärt, wird vom Lehrer Wagenbach abgefangen, der den Inhalt theatralisch rezitiert und der Lächerlichkeit preisgibt, was Tatjana und Maik mehr als unangenehm ist. Wagenbach hört erst auf, als es klopft und zwei Polizisten mit Maik sprechen wollen.

Zurück in der Schule erkundigt sich Tatjana bei Maik, was mit ihm passiert sei

Kap. 48 (S. 245–248)

Schulanfang, 9. Klasse: Die Polizisten wollen wissen, ob Tschick oder Maik etwas mit einem Autodiebstahl zu tun haben, der sich zwei Tage zuvor ereignet hat. Da beide ein Alibi haben, erhärtet sich der Verdacht nicht. Maik ist froh über den Besuch der Polizisten, weil ihre Präsenz seine soziale Anerkennung erhöht hat.

Zwei Polizisten fragen nach Maik

Kap. 49 (S. 249–254)

9. Klasse: Maik erhält einen Brief von Isa, in dem sie ihm ihr Kommen mit einem genauen Termin ankündigt. Maik ist glücklich und fragt sich, ob er in Tatjana oder in Isa verliebt ist. Maik hört Geräusche, die daher kommen, weil seine Mutter Mobiliar in den Pool wirft und gleichzeitig Alkohol trinkt. Zusammen mit seiner Mutter springt er in den Pool, schwimmt auf den Boden und schaut von dort aus zur Wasseroberfläche. In diesem Moment erinnert er sich schlaglichtartig an die Ereignisse des vergangenen Urlaubs mit Tschick. Die Welt außerhalb des Pools erscheint ihm fremd und er genießt es, zusammen mit seiner Mutter für einige Momente lang von der rational fassbaren Welt entfernt zu sein.

Maik erhält einen Brief von Isa; er springt zusammen mit seiner Mutter in den Pool

3.3 Aufbau

ZUSAMMENFASSUNG

Handlungszeit ist die Gegenwart. Der Roman weist eine Rahmenhandlung auf, die in der Erzählgegenwart spielt und in die ein ca. vier Jahre umfassender Rückblick eingebettet ist, in dem die Zeit von der 5. bis zur 8. Klasse erzählt wird. In den ersten vier Kapiteln befindet sich der Ich-Erzähler Maik Klingenberg erst auf der Polizeistation, dann im Krankenhaus und wird zum Unfallhergang befragt. Im 12. bis 44. Kapitel wird die erzählte Zeit auf 13 Tage verdichtet; hier geht es im Wesentlichen um die Reise der beiden Jungen, die mit zwei Unfällen ein Ende findet. In den letzten vier Kapiteln befindet sich der Ich-Erzähler Maik Klingenberg am Beginn der 9. Klasse.

Die Grundstruktur der Handlung

Rahmenhandlung und Rückblick

Die narrative Struktur des Romans besteht im Wesentlichen aus einer Rahmenerzählung, die zeitlich nach dem Unfall angesiedelt ist, und dem Rückblick, der den größten Raum einnimmt und in dem die eigentliche Reise erzählt wird (vgl. Schema auf S. 48 dieser Erläuterung). Die Rekonstruktion der Zeitstruktur des Romans orientiert sich an der Angabe zweier Wochentage und eines konkreten Datums: Genannt werden „Sonntag" (S. 101, 19. Kap.; Tag des Reiseaufbruchs), die exakte Datumsangabe findet sich im 34. Kapitel, nach der das Kapitel am 17. 7. 2010 spielt (vgl. S. 175), und die nächste Wochentagsangabe lautet „Sonntagabend" (S. 199, Kap. 39; nach ihrem ersten Unfall am achten Reisetag warten beide in der Notaufnahme einer Klinik). Einigermaßen exakt lässt sich aus dem Erzähltext entnehmen, dass die Rückblende rund vier Jahre

dauert und dass sich die erzählte Zeit während der Reise in den Kapiteln 20–44 auf 10 Tage konzentriert (Aufbruch bis zweiten Unfall). Die Rahmenhandlung, mit der der Roman einsetzt, umfasst einige Tage nach dem zweiten Unfall, die Maik auf einer Polizeistation und im Krankenhaus verbringt. Nach der Rückblende wird diese Erzählgegenwart wieder aufgegriffen und es werden die Ereignisse vom Vortag der Gerichtsverhandlung bis zum ersten Schultag und etwas darüber hinaus erzählt.

Tschick als moderner Adoleszenzroman

Bereits der Titel des Romans *Tschick* weist auf den Protagonisten hin, der als handlungsauslösendes Moment angesehen werden kann. In der Begegnung mit Maik und vor allem auf der gemeinsamen Reise überlagern sich die beiden Lebensentwürfe bzw. Entwicklungsprozesse. Mit der besonderen Betonung der jugendlichen Helden wie Maik, Tschick und Isa folgt der Roman dem Handlungsmuster des modernen Adoleszenzromans. Als „Adoleszenz" gilt

> „allgemein jene Phase, die den ‚Abschied von der Kindheit' und den Eintritt in das Erwachsenenalter bezeichnet (…). Damit ist auch gesagt, dass die Besonderheit dieser lebensgeschichtlichen Phase im Mit- und Gegeneinander von körperlichen, psychischen und sozialen Prozessen besteht (…). Es geht sozusagen um die ‚Neuprogrammierung' der physiologischen, psychologischen und psychosozialen Systeme"[14].

Literarisch wird dieser Prozess der „Neuprogrammierung" im Reisemotiv verarbeitet, idealtypisches Ziel dieser Reise ist die Identitätsfindung des Protagonisten, der Abschied von der Kindheit wird zumeist mit Todesmotiven gekoppelt. Die „Reise" wird als Weg hin

---

14 Gansel 2000, S. 359 f.

Erzählgegenwart

Kapitel 1–4
Ort: Polizeistation, Krankenhaus
Erzählte Zeit: kurze Zeit nach dem zweiten Unfall

Rückblende

Kapitel 5–11
Ort: Schule
Erzählte Zeit: Klasse 5–8, ca. 4 Jahre

Kapitel 12–44
Ort: Reise durch Brandenburg
Erzählte Zeit: ca. 13 Tage

Mi./Do., 7./8. 7. 10	Abschied Eltern, Besuch Tschicks	Kap. 12–14
Fr., 9. 7. 10	Tatjanas Feier	Kap. 15–17
Sa., 10. 7. 10	Tschick schlägt vor, Urlaub zu machen	Kap. 18
So., 11. 7. 10	Aufbruch, 1. Reisetag	Kap. 19–21
Mo., 12. 7. 10	Bäckerei/Aussichtspunkt, 2. Reisetag	Kap. 22 f.
Di., 13. 7. 10	Familienessen, Flucht Polizei, 3. Reisetag	Kap. 24–26
Mi., 14. 7. 10	Warten auf Tschick, 4. Reisetag	Kap. 27
Do., 15. 7. 10	Müllhalde, Isa, 5. Reisetag	Kap. 28–31
Fr./Sa., 16./17. 7. 10	Isas Abschied, 6. /7. Reisetag	Kap. 32–34
So., 18. 7. 10	Horst Fricke, 1. Unfall, 8. Reisetag	Kap. 35–39
Mo., 19. 7. 10	Flucht aus Klinik, 9. Reisetag	Kap. 40–42
Di., 20. 7. 10	2. Unfall, 10. Reisetag	Kap. 43 f.

Erzählgegenwart

Kapitel 45–49
Ort: zu Hause, Gericht, Schule/Klassenzimmer
Erzählte Zeit: vom Tag vor der Verhandlung bis zum ersten Schultag und darüber hinaus

zur Identität verstanden, meist wird der Übergang mit einem Initiationsritual markiert, die Todeserfahrung symbolisiert den Abschied von der alten Kindheitsidentität, der Neubeginn mit der Erwachsenenidentität fällt zusammen mit dem Hineinwachsen in soziale Rollen. Da ein Fokus der Romanhandlung auf den Ich-Erzähler gerichtet ist, lässt sich an seiner Entwicklung die Handlungsstruktur im Hinblick auf seinen Adoleszenzprozess im folgenden Schaubild nachvollziehen:

Die Reise als Identitätsfindung des Protagonisten

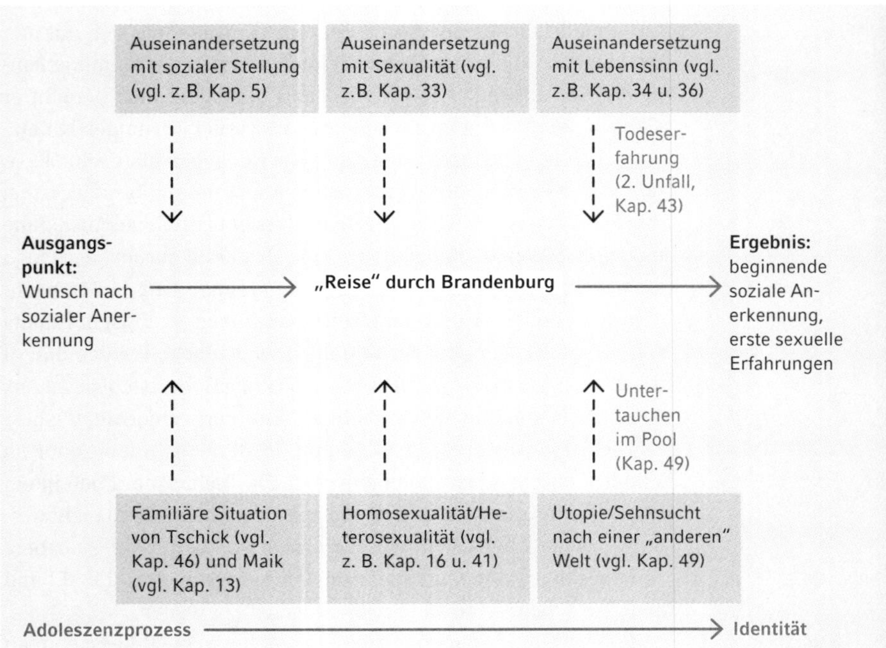

Thematische Schwerpunkte

Die Themen sind typisch für das Genre „Adoleszenzliteratur“: Während des Entwicklungsprozesses, der am Ende die Identität des Individuums herausgebildet haben sollte, erfolgt die Auseinandersetzung mit der eigenen Familie und der eigenen sozialen Stellung, dem Wert von Freundschaft, mit Sexualität und Partnerschaft, mit den gesellschaftlichen Normen und Wertvorstellungen.

Themenkomplex 1: Freundschaft – Liebe – Sexualität

Tschick ist sich seiner Außenseiterrolle in der Klasse bewusst, er unternimmt nichts, um das zu ändern: „Er freundete sich mit niemandem an, und er machte auch keinen Versuch, sich mit jemandem anzufreunden.“ (S. 47) Um den Kontakt zu Maik bemüht er sich intensiv und nimmt auch mehrfache Zurückweisungen in Kauf.

Maik hingegen macht sich sehr viele Gedanken über seine Position in der Klasse. Sein Wunsch nach Anerkennung besonders bei den Mädchen ist groß. Die Tatsache, dass er bis auf eine Ausnahme nie einen Spitznamen bekommt, führt er darauf zurück, dass man ihn als langweilig ansieht, er hat keine Freunde (vgl. S. 21), nachdem sein Kindergartenfreund Paul weggezogen ist. Er ist in Tatjana verliebt, traut sich aber nicht, auf sie zuzugehen; Tschick drängt ihn dazu, ihr zumindest das selbst gebastelte Geburtstagsgeschenk zu überreichen, obgleich er nicht auf ihre Party eingeladen ist.

Tschick und Maik sind am Anfang Außenseiter

Tschick und Maik sind zu Beginn des Romans Außenseiter im Hinblick auf die Klassengemeinschaft. Da Tschick am Ende in ein Jugendheim kommt, lässt sich seine soziale Entwicklung nicht weiter verfolgen. Maiks Stellung scheint sich aber verbessert zu haben, da sich Tatjana offenkundig für ihn interessiert (vgl. S. 238 ff.) und auch Isa scheint eine stabile Freundschaft zu wollen.

Tschick akzeptiert seine Homosexualität

Eng verbunden mit dem Themenkomplex ist die Begegnung mit Sexualität. Tschick scheint seine Homosexualität völlig akzeptiert

zu haben, zumindest wird an keiner Stelle des Romans eine innere Auseinandersetzung mit der eigenen sexuellen Disposition beschrieben. Homosexualität wird auch nicht als problematisch thematisiert.

Maik erlebt den ersten körperlichen Kontakt zu einem Mädchen mit Isa, allerdings lehnt er den von ihr angebotenen Geschlechtsverkehr ab: „Aber tatsächlich wollte ich gar nicht mit ihr schlafen." (S. 172) Einen konkreten Grund für die Ablehnung nennt er nicht.

Themenkomplex 2: Straffällige Jugendliche – Umgang mit Gesetzen und Regeln

Konflikt mit gesellschaftlichen Normen

Ein zentrales Thema des Adoleszenzprozesses ist der Konflikt mit gesellschaftlichen Normen und Wertvorstellungen. Tschick verstößt bewusst gegen geltende Gesetze, als er das Auto stiehlt. Er rechtfertigt sein Tun damit, dass der Wagen nur „geliehen" sei; außerdem sei er ohnehin noch nicht „strafmündig", könne also für seine gesetzeswidrigen Taten gar nicht juristisch belangt werden (vgl. S. 82 f.).

Themenkomplex 3: Familienkonzepte

Eltern fehlen als Bezugspersonen

Allen jugendlichen Protagonisten fehlen die Eltern als Bezugspersonen: Tschick lebt nur mit seinem Bruder in Deutschland, der Rest der Verwandtschaft lebt in der Walachei, wobei seine Eltern nicht ausdrücklich erwähnt werden; auch die Eltern von Isa werden nicht erwähnt, es ist nur von einer „Halbschwester in Prag" (S. 164) die Rede. Maiks Familie ist nur nach außen hin intakt: Beide Elternteile sind so mit ihrem eigenen Leben beschäftigt, dass sie keine Zeit haben, sich um Maik zu kümmern. Die Ehe zerbricht schließlich auch nach außen hin, als der Vater beschließt, mit seiner neuen Partnerin zusammen zu wohnen.

Die intakte Familie

Auf ihrer Reise lernen die beiden Jungen das Gegenbild zu ihren eigenen familiären Situationen kennen: Die Familie, bei der sie zu Mittag essen, ist offensichtlich intakt und kann als Ideal einer funktionierenden Familie gesehen werden. Den Wunsch nach einer intakten Familie artikuliert nur Maik, wenn auch in ironisierender Form: „Verlassen von den Eltern und Gott und der Welt!" (S. 71) Tschicks Wunsch, seine Verwandten in der Walachei zu besuchen, kann möglicherweise auch als Ausdruck seines Wunsches nach familiärer Geborgenheit angesehen werden.

Themenkomplex 4: Sucht und Suchtmittel

Alkohol

Tschick wird bereits beim ersten Auftritt mit Alkohol in Verbindung gebracht; immer wieder kommt er offensichtlich alkoholisiert in die Schule. Maiks Mutter ist alkoholkrank, sie muss sich deswegen immer wieder mehrwöchigen Entzugsaufenthalten in Spezialkliniken unterziehen, ohne dass eine Besserung ihrer Erkrankung erkennbar wäre. Ein weiterer Suchtaspekt, der zumindest bis zum Aufbruch anklingt, ist das exzessive Spielen mit dem Computer bzw. der Spielkonsole.

Themenkomplex 5: Tod/Lebenssinn

Auseinandersetzung mit dem Tod

Die Auseinandersetzung mit dem Lebensende gehört essenziell zum Adoleszenzprozess und wird in den meisten Adoleszenzromanen entsprechend aufgegriffen. In Kap. 34 reflektiert Maik über die Endlichkeit des Lebens, als sie auf ein Holzkreuz und eine Hütte treffen, in die zahlreiche Namen eingraviert sind, unter anderen der Namen „Anselm Wail 1903" (S. 174). Beim Nachdenken über diesen Menschen kommt er zu dem Ergebnis, dass der Tod alles auslöscht und dass alle menschlichen Bemühungen am Ende vergeblich sind:

„Und wenn er irgendwas in seinem Leben gemacht oder gebaut oder hinterlassen hatte, war es wahrscheinlich auch tot, zerstört, von zwei Weltkriegen verwüstet, und das Einzige, was übrig war von Anselm Wail, war dieser Namen in einem Stück Holz.“ (S. 174)

3.4 Personenkonstellation und Charakteristiken

ZUSAMMENFASSUNG

Die Hauptpersonen sind

Maik Klingenberg:
- → unauffällig, mit guten Leistungen in Mathematik und Sport
- → stammt aus einem bürgerlichen Elternhaus
- → ist selbstreflektiert, bekennt sich zu seiner Freundschaft mit Tschick

Andrej Tschichatschow:
- → Außenseiter durch sein Aussehen, seine Kleidung und sein Auftreten; weiß sich in der Schule Respekt zu verschaffen
- → kam vier Jahre vor Beginn der Romanhandlung mit seinem Bruder aus einfachen Verhältnissen aus Russland
- → ist homosexuell, steht zur Freundschaft mit Maik auch in der Gerichtsverhandlung

Isa Schmidt:
- → wie Maik und Tschick 14 Jahre alt, neugierig, möchte später zum Fernsehen
- → bis zum Baden im See ungepflegte, verwahrloste Erscheinung, später mit artikuliertem sexuellen Interesse an Maik, mit dem sie sich anfreundet
- → will zu ihrer Halbschwester nach Prag, schließt sich den Jungen an und hilft ihnen beim Stehlen von Benzin

Eltern von Maik Klingenberg:

- → Vater Josef als Immobilienmakler tätig, in den letzten Jahren zunehmend erfolglos
- → Maiks Mutter ist Alkoholikerin, die immer wieder Entziehungskuren macht
- → die Ehe zwischen beiden ist gescheitert; am Ende zieht der Vater mit seiner Geliebten Mona zusammen

Sprachtherapeutin:

- → kommt den Jungen nach dem Unfall zu Hilfe
- → unvoreingenommene Zuwendung, positiv gezeichnetes Bild eines Erwachsenen

Neben diesen Hauptfiguren existiert eine Reihe von mehr oder weniger bedeutsamen Nebenfiguren wie z. B. die Familie, bei der die beiden Jungen zu Mittag essen, oder die Mitschüler von Maik und Tschick. Im Schaubild zur Figurenkonstellation haben wir versucht, die erwähnten Figuren zu erfassen.

Maik Klingenberg

14 Jahre alt, Schüler am Gymnasium

Maik Klingenberg, der Ich-Erzähler, ist in der Erzählgegenwart des Romans 14 Jahre alt und Schüler des Hagecius-Gymnasiums in Berlin. Über sein äußeres Erscheinungsbild wird wenig gesagt. Seine Kleidung scheint dem aktuellen Trend angepasst, denn als er Tschick einmal Kleidungsstücke von sich überlässt, vergleicht er sein Aussehen mit dem eines Soap-Schauspielers:

Maik Klingenberg

Familie, Freunde, Bekannte:

→ Vater Josef Klingenberg
→ Mutter
→ Haushälterin
→ Mona (Freundin des Vaters)
→ Paul
→ Nachbarn Dyckerhoff
→ Herr Klever

Andrej Tschichatschow

Familie, Freunde, Bekannte

→ Bruder
→ Großvater in der Walachei
→ Onkel in Moskau
→ Großtante
→ Urgroßvater

Schule

Mitschüler (z. B.)	**Lehrer** (z. B.)
→ Tatjana Cosic	→ Herr Wagenbach
→ André Langin	→ Frau Pechstein
→ Olaf	→ Herr Strahl
→ Kallenbach („Klassentrottel")	→ Herr Kaltwasser
→ Stöbcke	→ Herr Voormann

Reise

→ Lutz Heckel
→ Vater Heckel
→ „Adel auf dem Radel"
→ Dorfpolizist
→ Friedemann und Familie
→ Isa Schmidt
→ alter Mann
→ Horst Fricke (+ Else)
→ Sprachtherapeutin
→ Krankenhauspersonal
→ Mann am Telefon
→ Polizisten

Gericht

→ Richter
→ Gerichtsschreiberin
→ Mann vom Jugendheim
→ Staatsanwalt

> „Wir hatten den ganzen Tag meinen Kleiderschrank ausgeräumt, und ich hatte Tschick drei Hosen und ein paar Hemden und Pullover und so was geschenkt, mit dem Ergebnis, dass er nun nicht mehr aussah wie der letzte Russenarsch, sondern wie ein Kleiderständer aus ‚Gute Zeiten, schlechte Zeiten'." (S. 92)

In der Schule ist er unauffällig, gute Leistungen zeigt er in Mathematik und Sport, besonders im Hochsprung beweist er eine große Begabung:

> „Wolkow ließ eins fünfundsechzig auflegen, und ich merkte schon beim Anlauf, das ist mein Tag. Es war der Tag des Maik Klingenberg. Ich hatte dieses Triumphgefühl schon beim Absprung. Ich sprang überhaupt nicht, ich segelte über die Anlage wie ein Flugzeug, ich stand in der Luft, ich schwebte. (…) Als mein Rücken in die weiche Matte sank, hörte ich, wie auf der Jungenseite verhalten geklatscht wurde." (S. 39)

Einzelkind, wohlhabendes Elternhaus; Ehe der Eltern nur noch Zweckgemeinschaft

Maik stammt aus einem wohlhabenden, bürgerlichen Elternhaus, zusammen mit seinem Vater und seiner Mutter, die eher in einer Zweckgemeinschaft zusammenleben, bewohnt er ein Haus mit Pool. Geschwister hat er nicht. Seinen Eltern begegnet er ohne Illusionen, seine Mutter ist alkoholkrank, sein Vater ist gewalttätig und schlägt ihn. Gleichwohl ist seine Sehnsucht nach familiärer Geborgenheit existent und bricht aus, als er sich zu Ferienbeginn von Mutter und Vater verlassen sieht (vgl. S. 70 f.). Am Ende positioniert sich Maik klar gegen seinen Vater, als er sich zu den gemeinsam mit Tschick begangenen Taten bekennt und nicht alles auf Tschick abschiebt, wie es sich sein Vater wünscht (vgl. S. 235).

Gilt als Langweiler

In seiner Klasse gilt Maik als Langweiler, auch den Spitznamen „Psycho" behält er deswegen nur kurz. Er ist in seine Mitschülerin

Tatjana Cosic verliebt und fertigt eine Zeichnung ihrer Lieblingssängerin als Geburtstagsgeschenk an.[15] Dass er nicht zu ihrer Geburtstagsfeier eingeladen wird, macht ihn traurig: „Aber sonst war praktisch die ganze Klasse eingeladen, und dann noch die halbe Parallelklasse und garantiert noch hundert Leute, und ich war nicht eingeladen." (S. 61) Von Tschick lässt er sich überreden, Tatjana zumindest das selbst gefertigte Geburtstagsgeschenk vorbeizubringen; am Ende des Romans ist ihr Interesse geweckt und sie nimmt während des Unterrichts Kontakt mit ihm auf (vgl. S. 238 ff.).

Ist sexuell unerfahren

Maik ist sexuell unerfahren, wie er gegenüber Isa zugibt (vgl. S. 171). Er lehnt Isas sexuelles Angebot ab, was darauf hindeutet, dass er Sexualität eine tiefere Bedeutung zuerkennt:

> „Aber tatsächlich wollte ich gar nicht mit ihr schlafen. Ich fand Isa zwar toll und immer toller, aber ich fand es eigentlich auch vollkommen ausreichend, in diesem Nebelmorgen mit ihr dazusitzen und ihre Hand auf meinem Knie zu haben, und es war wahnsinnig deprimierend, dass sie die Hand jetzt wieder weggenommen hatte." (S. 172)

Ist selbstreflektiert

Maik verfügt über die Fähigkeit zur Selbstreflexion, er kann seine sozialen Verhaltensweisen analysieren und deuten. Dies wird deutlich in seinem Rückblick auf die vergangenen Jahre und auf seine Position innerhalb der Klasse. Als Tschick versucht, Kontakt mit ihm aufzunehmen, gibt er zunächst Auskunft auf die gestellten Fragen, bevor er abrupt abweisend wird:

---

15 Dieser Umstand hat möglicherweise einen Bezug zum Autor, der selbst Kunststudium absolvierte; „Cosic" ist ein Familienname, der auch in Herrndorfs Erzählung *Der Weg des Soldaten* in *Diesseits des Van-Allen-Gürtels* (2007) vorkommt.

> „Jetzt, wo ich begriffen hatte, dass er mich nicht abziehen wollte, wurde ich sofort mutiger. Das ist leider immer so. Solange die Leute unfreundlich sind, kann ich vor Aufregung kaum laufen. Aber wenn sie auch nur ein bisschen freundlich werden, fang ich immer gleich an, sie zu beleidigen." (S. 63)

Maik lässt sich von Tschick überreden, in einem gestohlenen Auto auf eine Urlaubsreise zu gehen; er fährt selbst ohne Führerschein und wird in einen Unfall verwickelt. Dafür wird er am Ende vor Gericht gestellt und zur Ableistung von Sozialstunden verpflichtet (vgl. S. 236). Vor Gericht wird allerdings auch festgestellt, dass Maik genauso wie Tschick von seiner Familie vernachlässigt würde:

Maik und Tschick werden von ihren Familien vernachlässigt

> „Und dann erklärte der Typ von der Jugendgerichtshilfe, der mich und meine Eltern zu Hause besucht hatte, aus was für einem stinkreichen Elternhaus ich kommen würde und dass ich dort vernachlässigt würde und verwahrlost sei und meine Familie letztlich auch so eine Art asozialer Scheiße (…)" (S. 236).

Die Schlussszene, in der Maik mit seiner Mutter unter Wasser ist und nach oben sieht, könnte ein Ausdruck des Wunsches nach einer anderen Wirklichkeit sein: Diese andere Wirklichkeit erlebt seine Mutter in ihrem Alkoholrausch, Maik machte die Erfahrung während der Reise mit Tschick. Möglicherweise bietet sich hier die Utopie einer anderen Realität an, ohne dass die Attribute dieser Utopie näher bestimmbar wären.

Wunsch nach einer anderen Wirklichkeit

Andrej Tschichatschow

Als Zehnjähriger kommt Andrej mit seinem älteren Bruder aus Rostow/Russland; in Berlin besucht er zunächst die Förderschule, lernt Deutsch und kommt dann auf das Berliner Hagecius-Gymnasium,

Zehnjährig aus Russland nach Berlin gekommen

Unterwegs: *Tschick* am DNT Weimar 2012, Regie: Jakob Fedler, Ausstattung: Jürgen Lier, Schauspieler: Tobias Schormann (Maik) und Bastian Heidenreich (Tschick), Foto: Stephan Walzl

wo er in Maiks Klasse aufgenommen wird. Andrej ist zum Zeitpunkt der Reise 14 Jahre alt. Über sein Aussehen wird gesagt, dass er osteuropäisch-asiatische Gesichtszüge habe. Er trägt billige Kleidung. Maik hält ihn für einen „Assi", sein Aussehen bezeichnet Maik als das eines „Russenarsch(s)" (S. 92), er schenkt Andrej Kleidung von sich, sodass er aussieht wie die Schauspieler in Soaps (vgl. ebd.).

In der Schule ist Andrej ein Außenseiter, er unternimmt auch keine Versuche, um Anschluss zu finden; auf der anderen Seite versteht er, sich in der Schule Respekt zu verschaffen. Um seine Person kreisen Gerüchte, die ihn mit der Russenmafia in Verbindung

bringen (vgl. S. 49). Die schulischen Leistungen Andrejs sind nicht stabil (vgl. S. 51), eine Mitschuld daran trägt sein Alkoholkonsum, da er zeitweilig offenbar schon vor Schulbeginn alkoholische Getränke zu sich nimmt: „Es hatte einfach nur was damit zu tun, dass er manchmal hacke war und manchmal nicht." (S. 52)

Außenseiter, trinkt Alkohol

Am letzten Schultag sucht Andrej den Kontakt zu Maik und lässt sich auch durch dessen zurückweisende Art nicht einschüchtern (vgl. S. 62 f.). Die Anregung zur Reise in die Walachei, wo seine Verwandten leben, geht von ihm aus. Er kann bereits Auto fahren und weiß, wie man ein Fahrzeug stiehlt und ohne Zündschlüssel anlassen kann (vgl. S. 115).

Tschick sucht Kontakt zu Maik

Andrej weiß bereits, dass er sich nichts aus Mädchen macht und homosexuell ist. Zu der Freundschaft mit Maik steht er auch während der Gerichtsverhandlung, indem er die Schuld für die Taten auf sich nimmt: „Und als Tschick dran war, erklärte er sofort, dass das mit der Walachei seine Idee gewesen wäre und dass er mich geradezu ins Auto hätte zerren müssen." (S. 235)

Ist homosexuell

Tschick nimmt seine Umgebung aufmerksam wahr, auch wenn er den Eindruck von Abwesenheit erweckt. Er besitzt einen wachen, kreativen Verstand, wie man an seiner Interpretation der Brecht'schen Keuner-Geschichte erkennt (vgl. S. 55). Seine Einschätzung von anderen Menschen zeigt, dass er sich durchaus Gedanken über sie macht; so antwortet er auf Maiks Einschätzung, ein Langweiler zu sein, mit der These: „Die Mädchen mögen dich nicht, weil sie Angst vor dir haben. Wenn du meine Meinung wissen willst. Weil du sie wie Luft behandelst und weil du nicht so weichgespült bist wie Langin, dieser Schwachkopf." (S. 213)

Ist aufmerksam, kreativ und hellsichtig

Die Konsequenzen, die der Urlaub für Andrej hat, sind wesentlich härter als die, die Maik bewältigen muss: Andrej wird in ein Heim eingewiesen, während Maik nur Sozialstunden abzuleisten hat (vgl. S. 236).

Isa Schmidt

14 Jahre alt

Das Mädchen, das Maik und Tschick auf einer Müllkippe kennenlernen (vgl. Kap. 29), ist wie die beiden Jungen 14 Jahre alt. Über ihr Aussehen äußert sich Maik, als er ihr erstmals begegnet:

> „Auch das verdreckte Mädchen kletterte einmal wie ein kleines, schnelles Tier an mir vorbei, ohne mich anzusehen. Sie lief barfuß, ihre Beine waren schwarz bis zum Knie. Darüber trug sie eine hochgekrempelte Army-Hose und ein versifftes T-Shirt. Sie hatte schmale Augen, wulstige Lippen und eine platte Nase. Und ihre Haare sahen aus, als wäre beim Schneiden die Maschine kaputtgegangen." (S. 150)

Ungepflegter Eindruck

Isa macht also einen äußerst ungepflegten Eindruck, weshalb sie von den Jungen in Kap. 32 in einen See geworfen wird, wo sie sich waschen soll.

Warum sie auf der Müllkippe ist, wird genauso wenig geklärt wie die Frage, wo ihre Eltern sind und warum sie nicht zur Schule geht:

Verschweigt ihre Herkunft

> „Wir versuchten an diesem Abend noch mehrfach rauszukriegen, wo sie denn eigentlich herkam und wo sie wirklich hinwollte, aber alles, was sie erzählte, waren wilde Geschichten. Sie wollte ums Verrecken nicht sagen, was sie auf der Müllkippe gemacht hatte oder was in ihrer Holzkiste drin war, die sie mit sich rumschleppte. Das Einzige, was sie verriet, war, dass sie Schmidt hieß. Isa Schmidt." (S. 168)

Neugierig, schlagfertig, hilfsbereit

Isa selbst gibt an, zu ihrer Halbschwester nach Prag zu wollen (vgl. S. 164) und dass sie später einmal beim Fernsehen Quizsendungen moderieren möchte (vgl. S. 156). Isa ist neugierig, nicht auf den

Mund gefallen, sie lässt sich nicht einschüchtern durch Tschick und provoziert auch selbst (vgl. S. 151). Gleichzeitig ist sie hilfsbereit, wenn sie den Jungen zeigt, wo man einen Schlauch findet und wie man ihn zum Abzapfen von Benzin verwendet (vgl. S. 162 f.). Isa ist an sozialen Kontakten interessiert und schließt sich den beiden Jungen an, obgleich Tschick ihr unmissverständlich klarmacht, dass sie nicht erwünscht ist: „Du stinkst wie ein Haufen Scheiße. Jetzt hau ab." (S. 158) Doch wie schon Tschick auf die Zurückweisung Maiks („Geht dich einen Scheiß an", S. 63) nicht mit Abwesenheit, sondern mit verstärkter Präsenz reagiert hat, so verhält sich auch Isa, indem sie den Jungen weiter folgt.

Isa hat offenbar eine schöne Stimme, wie Maik findet (vgl. S. 157); offenbar kann sie aber kein Englisch (vgl. ebd.). Die Tatsache, dass sie ein Lied von Beyoncé singt, stellt die für Maik die Verbindung zu Tatjana her. Maik schneidet Isa die Haare, die Nacktheit des Mädchens irritiert ihn (vgl. S. 169), er findet, dass sie einen schönen Körper hat: „Du siehst super aus." (S. 170) Isa fordert ihn zum Geschlechtsverkehr auf (vgl. S. 171) und reagiert auf seine Ablehnung freundschaftlich: „Wir können ja auch erst mal küssen. Wenn du magst" (S. 172) Ihr Interesse an einer tieferen Freundschaft artikuliert sie durch das Versprechen, sich in 50 Jahren wieder an dem Baum einzufinden, auf dem ihre Namen eingraviert sind (vgl. S. 174), und schließlich durch den Brief, den sie Maik zu Beginn des neuen Schuljahres in die Schule schickt (vgl. S. 250).

Maik ist beeindruckt von ihrem Körper

Isas plötzlicher Entschluss, sich einem Reisebus anzuschließen, der sie nach Prag bringt, zeugt von ihrer Spontanität und auch der Fähigkeit, selbst gesteckte Ziele konsequent zu verfolgen (vgl. S. 176).

Spontan und konsequent

Herr und Frau Klingenberg

Mutter Alkoholikerin, oft in Entzugsklinik

Über Alter und Aussehen der Eltern Maiks werden keine Angaben gemacht. Im Vordergrund der Beschreibung von Maiks Mutter steht deren Alkoholerkrankung; früher war sie eine sehr gute Tennisspielerin (vgl. S. 27). Sie verbringt ihre Zeit in Entzugskliniken oder in Streitigkeiten mit Maiks Vater. Über eine Berufsausbildung wird nichts erzählt.

Vater Immobilienmakler, liberal

Der Vater Maiks ist Immobilienmakler bzw. -investor. In der Vergangenheit war er beruflich erfolgreich, sodass sich seine Familie ein Haus mit Pool leisten konnte. Seit einer Fehlinvestition in ein Grundstück, das später unter Naturschutz gestellt wurde, prozessiert er (vgl. S. 64 ff.); seine Geschäfte laufen schlecht (vgl. S. 228). Politisch steht er liberalen Ideen nahe (vgl. S. 34).

Die Ehe der Eltern ist von Streit geprägt, die Gründe sind für Maik nicht klar einsehbar und er erklärt sich die Auseinandersetzungen damit, dass die Eltern offenbar gerne unglücklich sind:

> „Was ich lange nicht begriff, war, warum sie sich nicht scheiden ließen. Eine Weile hatte ich mir eingebildet, ich wäre der Grund dafür. Oder das Geld. Aber irgendwann kam ich zu dem Schluss, dass sie sich gern anschrien. Dass sie gerne unglücklich waren." (S. 70)

Entfremdung der Eheleute

Die Entfremdung zwischen den Eheleuten scheint schon weit fortgeschritten, wenn Josef Klingenberg kurz nach dem Aufbruch seiner Frau in die Entzugsklinik zusammen mit Mona in Urlaub fährt. Ob die Scheidung am Ende tatsächlich realisiert wird, ist nicht ganz klar zu beantworten: Am Schluss des Romans heißt es, dass Josef Klingenberg zusammen mit Mona eine neue Wohnung ansieht (vgl. S. 250). Dies kann ein Hinweis auf eine bevorstehende Tren-

nung von Maiks Mutter sein, es kann aber auch nur ein normaler Geschäftstermin sein, den der Immobilienmakler wahrnimmt.

Josef Klingenberg ist rassistisch eingestellt, was in seinem Urteil über Tschick deutlich zum Ausdruck kommt:

Vater rassistisch und vorurteilsbehaftet

> „Dein asiger Russenfreund hat Scheiße gebaut! (...) Der hat schon eine richtige kriminelle Karriere hinter sich, Ladendiebstahl mit seinem Bruder, Schwarzfahren, Betrug und Hehlerei. Ja, da guckst du. Die ganze asige Sippschaft ist so. Und der hat auch kein solches Elternhaus vorzuweisen, der lebt in der Scheiße. In seiner Sieben-Quadratmeter-Scheiße, wo er auch hingehört." (S. 228 f.)

Außerdem ist er nicht nur egoistisch und verantwortungslos, wenn er sich nicht um seinen immerhin erst 14 Jahre alten Sohn kümmert und ihn mit 200 Euro alleine lässt, um mit seiner jungen Assistentin in Urlaub zu fahren; noch dazu ist er überaus gewalttätig und schlägt seinen Sohn auf brutale Weise:

Vater egoistisch, verantwortungslos, gewalttätig gegenüber Maik

> „Zack, krachte es in mein Gesicht, und ich fiel zu Boden. Alter Finne. Auf der Schule heißt es ja immer, Gewalt ist keine Lösung. Aber Lösung mein Arsch. Wenn man einmal so eine Handvoll in der Fresse hat, weiß man, dass das sehr wohl eine Lösung ist." (S. 228)

Dass Josef Klingenberg durch die Missachtung seiner Aufsichtspflicht eine Mitschuld an den Taten seines Sohnes trägt, ist ihm offenbar nicht bewusst.

Das Verhalten des Vaters hat eine große Distanz zu Maik zur Folge. Demgegenüber ist das Verhältnis zur Mutter inniger. In der Schlussszene greift seine Mutter unter Wasser nach der Hand

Maiks Verhältnis zum Vater ist distanziert, zur Mutter inniger und vertrauensvoller

Maiks, und er denkt in diesem Moment, dass es Schlimmeres gäbe, als eine Alkoholikerin als Mutter zu haben (vgl. S. 253). Die Mutter ist also trotz ihrer Krankheit noch fähig, eine vertrauensvolle Beziehung zu ihrem Sohn aufzubauen und ihm zumindest eine Ahnung von familiärer Geborgenheit zu vermitteln. Die Belastbarkeit dieser Beziehung dürfte wegen der Suchtproblematik der Mutter problematisch sein.

Sprachtherapeutin

Die erzählerische Gestaltung des Auftritts der Sprachtherapeutin betont ihre hervorstechenden körperlichen Merkmale:

Wird vom Ich-Erzähler als Flusspferd beschrieben

> „Ein Flusspferd brach vor uns durch die Büsche. Irgendwo in Deutschland, direkt an der Autobahn, in der völligen Einöde, brach ein Flusspferd durchs Gebüsch und rannte auf uns zu. Es hatte einen blauen Hosenanzug an, eine blonde, kräuselige Dauerwelle auf dem Kopf und einen Feuerlöscher in der Hand. Vier bis fünf Fettringe schwabbelten über seiner Taille. Mit zwei Walzen, die unten aus dem Hosenanzug rausguckten, stampfte es durch das Gelände, kam vor dem umgedrehten Lada zum Stehen und riss den Feuerlöscher hoch." (S. 191)

Kommt den Jungen nach dem ersten Unfall zu Hilfe

Die Sprachtherapeutin, deren Name nicht erwähnt wird, bekommt aufgrund ihres Körpergewichts von Maik den Spitznamen „Flusspferd". In der zitierten Stelle kommt sie den Jungen nach dem ersten Unfall zu Hilfe, allerdings verschlimmert der von ihr sicherheitshalber mitgebrachte Feuerlöscher die Lage noch, weil er auf Tschicks Fuß fällt und ihn verletzt (vgl. S. 192). Sie ist sehr hilfsbereit, trägt Tschick ins Auto, fährt die Jungen ins Krankenhaus, erklärt sich zur Übernahme der Krankheitskosten bereit und schenkt den Jungen zum Abschied 200 Euro für die Rückfahrt nach Berlin.

Maik erinnert sich sehr gerne an die Frau und schützt sie, indem er ihren Namen bei der Gerichtsverhandlung nicht erwähnt: „Ich wollte nicht, dass die Sprachtherapeutin wegen uns Schwierigkeiten bekommt, weil sie so wahnsinnig nett gewesen war“ (S. 234). Sie beeindruckt Maik durch ihre vorurteilslose Bereitschaft, sich mit den Jungen zu unterhalten und ihnen zu helfen; möglicherweise spielen auch Schuldgefühle eine Rolle, da sie Tschick die Verletzung beigebracht hat (vgl. S. 200).

Bei der Gerichtsverhandlung erwähnen die Jungen sie nicht

Auf der Fahrt ins Krankenhaus erklärt sie den Jungen ihr berufliches Aufgabengebiet und führt mit ihnen Sprechübungen durch, während sie gleichzeitig den Wagen mit hoher Geschwindigkeit über die Straße lenkt:

> „Irgendwo war ganz leise der Klang einer Polizeisirene zu hören, aber nicht lange. Und das war auch kein Wunder. Wir fuhren mittlerweile 250. (…) Wenn Hindernisse vor uns auftauchten, hupte die Frau oder blendete auf, und wenn das nichts half, raste sie in aller Seelenruhe auf der Standspur an den anderen vorbei, als würde sie gerade mit fünfzehn Stundenkilometern die Auffahrt zum McDonald's-Drive-in nehmen.“ (S. 194 f.)

Die Sprachtherapeutin lässt sich als emphatisch und hilfsbereit charakterisieren. Außerdem sorgen nicht nur ihr aggressiver, die Verkehrsregeln missachtender Fahrstil, sondern auch unerwartete Äußerungen für Überraschung. So verabschiedet sie sich von den Jungen mit den Worten: „Ihr seht aus wie Kartoffeln.“ (S. 201) Der Vergleich kommt völlig unvermittelt, seine Bedeutung wird im Erzähltext nicht geklärt. Auch der Ich-Erzähler ist ratlos: „Und auch jetzt muss ich noch jedes Mal lachen, wenn mir das wieder einfällt: Ihr seht aus wie Kartoffeln. Ich weiß nicht, ob das einer versteht. Aber sie war wirklich die Netteste von allen.“ (S. 201)

Hilfsbereit, versteht die Jungen

Neben diesen Hauptfiguren existiert eine Reihe von mehr oder weniger bedeutsamen Nebenfiguren wie z. B. die Familie, bei der die beiden zu Mittag essen (vgl. S. 126 ff.), oder Horst Fricke, der sie zunächst mit dem Gewehr bedroht (vgl. S. 183 ff.).

3.5 Sachliche und sprachliche Erläuterungen

S. 5	**Motto**	Das Zitat stammt aus dem Film *Welcome to the Dollhouse* (1995) von Todd Solondz. Es handelt sich dabei um eine schwarze Komödie über die erfolglosen Versuche der 12-jährigen Schülerin Dawn Wiener, Anerkennung in ihrer Klasse und ihrer Familie zu finden.
S. 13	**Attila, der Hunnenkönig**	sagenumwobener (Nibelungenlied) König der Hunnen, der in der Mitte des 5. Jh. im heutigen Ungarn herrschte
S. 20	**Walachei**	1. umgangssprachlich im Sinne von „weit jenseits besiedelten Gebietes" 2. geografische Bezeichnung einer Region im heutigen Rumänien
S. 22	**GTA**	„Grand Theft Auto", Computerspiel, das 1997 erstmals publiziert wurde und seither zahlreiche Fortsetzungen erlebte. Es gehört zu den erfolgreichsten Computerspielen überhaupt.
S. 25	**Flugzeug ins World Trade Center**	Anspielung auf den Terroranschlag, bei dem am 11. 9. 2001 zwei Passagierflugzeuge in die Türme des World Trade Centers flogen und sie dadurch zum Einsturz brachten. Bei diesem Anschlag starben 2753 Menschen.
S. 28	**Medenspiele**	Wettkämpfe im Tennissport, die regelmäßig während der Saison ausgetragen werden; benannt nach dem 1. Präsidenten des Deutschen Tennisbundes Carl August von der Meden (1841–1911)
S. 30	**Osiris**	ägyptische Gottheit des Totenreichs
S. 47	**Hellersdorf**	Stadtteil Berlins, der bis 1989 zu Ost-Berlin gehörte
S. 48	**Müggelsee**	größter See Berlins

S. 52	**PISA-Test**	„Programme for International Student Assessment", seit 2000 alle drei Jahre von der OECD durchgeführte Untersuchung der Schülerleistungen
S. 79	**White Stripes**	Rockband aus den USA (Mitglieder Jack und Meg White)
S. 79	**Graf Luckner**	Felix Graf von Luckner (1881–1966), deutscher Marineoffizier, erhielt wegen seiner Abenteuer auf See den Beinamen „Seeteufel", seine Erinnerungen schrieb er in dem Buch *Seeteufel* (1921) nieder.
S. 80 f.	**Graf Koks von der Gasanstalt**	umgangs- und regionalsprachlicher Ausdruck für einen eingebildeten, arroganten Menschen
S. 81	**Meg White**	Mitglied der Rockband The White Stripes
S. 83	**Strafmündigkeit**	Personen, die jünger als 14 Jahre sind, können für begangene Taten nicht bestraft werden, an ihrer Stelle werden die Aufsichtspflichtigen belangt; Jugendliche zwischen 14 und 17 Jahren können strafrechtlich belangt werden, wenn sie aufgrund ihres geistigen Entwicklungsstandes zur Einsicht fähig sind.
S. 84	**Mika Häkkinen**	finnischer Formel-1-Rennfahrer
S. 99	**Film mit Georges Aznavour (Zigeunerjuden)**	Dieser Film existiert nicht. Es handelt sich möglicherweise um ein stilistisches Mittel des Erzählers zur Darstellung des jugendlichen Halbwissens. Aus dem Interview zweier Theaterschauspieler in einer *Tschick*-Inszenierung: „Bastian: Zigeunerjuden, ja. Das ist tatsächlich sehr witzig. Also es läuft tatsächlich nur über Missverständnisse. Der eine versteht nicht, was der andere meint. Und das ist tatsächlich sehr sehr witzig. Den mag ich auch sehr. Lebt aber auch durch die Geschwindigkeit.

		Tobias: Darin sieht man diese Klugheit von 14-jährigen, die irgendwas gehört haben und dann mit so einem gefährlichen Halbwissen rumlaufen und tun, als ob sie ganz genau wüssten, wie der Hase läuft und dann halt so was behaupten und aufeinander prallen."[16]
S. 104	**Tony Soprano**	Anthony Soprano ist die Hauptfigur der amerikanischen Fernsehserie *Die Sopranos* (1999–2007) über eine Mafiafamilie.
S. 105	**Richard Clayderman**	französischer Pianist (geb. 1953)
S. 107	**Kevin Kurányi**	deutscher Fußballspieler (geb. 1985), der nach vielen Jahren beim VFB Stuttgart und beim FC Schalke von 2010–2015 bei Dynamo Moskau spielte
S. 108	**Kreiselkompass**	Kompass, der sich nicht am Magnetfeld der Erde orientiert, sondern parallel zur Rotationsachse der Erde ausgerichtet ist
S. 111	**Independence Day**	amerikanischer Unabhängigkeitstag am 4. Juli, der an die Unabhängigkeitserklärung im Jahre 1776 erinnert; auch Name eines Science-Fiction-Films (1996) von Roland Emmerich, in dem die Landung und die Vertreibung von Außerirdischen beschrieben wird
S. 115	**Dauerplus**	Klemme, an der permanent Spannung anliegt, auch wenn die Zündung ausgeschaltet ist
S. 120	**Krieg der Welten**	Science-Fiction-Roman von H. G. Wells (1866–1946), erschienen 1898, in dem Marsbewohner die Erde angreifen
S. 120	**Starship Troopers**	Science-Fiction-Roman von Robert Heinlein (1959), Filmversion von Paul Verhoeven (1997) mit mehreren Fortsetzungen

---

16 http://www.nationaltheaterblog.de/?p=1712 (Stand September 2013)

S. 129	**Risi-Pisi**	ursprünglich italienisches Reisgericht mit Erbsen, im Roman ist es die Bezeichnung für ein Reisgericht mit allerlei Zutaten
S. 130	**„bonfortionös"**	berlinerisch für „großartig", „sehr gut"
S. 131	**Merope Gaunt**	Figur aus der Roman-Heptalogie *Harry Potter* von Joanne K. Rowling, stammt aus der Familie der Gaunts und ist Mutter von Tom Riddle (Lord Voldemort)
S. 132	**Alexander von Humboldt/ Pizarro**	Alexander von Humboldt (1769–1859), deutscher Naturforscher, brach 1799 mit der spanischen Fregatte *Pizarro* zu seiner amerikanischen Forschungsreise auf
S. 132	**erster deutscher Bundespräsident**	Theodor Heuss (1884–1963), Bundespräsident von 1949–1959
S. 147	**Prinzip der kommunalen Röhren**	„Kommunizierende Röhren" sind miteinander verbundene Gefäße, die nach oben offen sind. Die in ihnen enthaltene Flüssigkeit steht jeweils in jedem Gefäß gleich hoch.
S. 182	**Tagebau**	Begriff aus dem Bergbau, der im Gegensatz zum Untertagebau eine Abbauweise beschreibt, bei der keine Gänge oder Stollen gegraben werden müssen, sondern bei der die Bodenschätze durch Ausbaggern gewonnen werden
S. 188	**Carpe diem**	lateinische Sentenz: „Nutze/Genieße den Tag"
S. 209	**Virchow-Klinik**	Rudolf Virchow (1821–1902), Berliner Arzt, Begründer der Pathologie

3.6 Stil und Sprache

ZUSAMMEN-FASSUNG

Der Roman ist in einer Kunstsprache verfasst, die Merkmale der Jugendsprache und des Slang aufweist. Die Sprache des Ich-Erzählers Maik ist über weite Passagen durch einen ruhigen, unaufgeregten Stil geprägt, der dem mündlichen Sprachgebrauch mit einem einfachen Satzbau nachempfunden ist.

Episodenstil prägt narrative Struktur

Die narrative Struktur des Romans ist durch den Episodenstil geprägt. Der Begriff „Episode“ (gr. „epeisodion“) bezeichnet literaturwissenschaftlich eine Nebenhandlung oder in sich abgeschlossene Einschübe in narrativen Texten. Diese Einschübe finden sich im Roman vor allem im eingeschobenen Rückblick auf die Reise, der dann selbst chronologisch strukturiert ist; diesem Einschub gehen kurze Szenen aus der Vergangenheit voraus, am Ende findet sich gleichfalls eine Episode, die am ersten Schultag des neuen Schuljahres stattfindet.

Erzählersprache = Kunstsprache

Die Erzählersprache suggeriert eine Nähe zur Alltagssprache, es handelt sich um eine Kunstsprache, die sich verschiedener sprachlicher Mittel bedient: Auf der Ebene der Syntax findet sich ein einfacher, oft parataktisch angelegter Satzbau, der einen lakonischen Stil realisiert und von konzeptioneller Mündlichkeit beeinflusst ist.

Konzeptionelle Mündlichkeit

Den Einfluss der Mündlichkeit kann man z. B. in fehlerhaften Nebensatzbildungen wie: „Weil, das war zu einer Zeit, da hatten wir gerade ein Herbarium angelegt“ (S. 34) nachweisen wie auch in einer Vielzahl unvollständiger Sätze: „Mathegenie Kevin“ (S. 39), „Hammer“ (S. 85) oder in dem Versuch, dialektale Mündlichkeit in

Schriftform wiederzugeben: „Ma orndlich was auffe Bruss für unsre tüchgen Fahrafahra!“ (S. 117) – was auch einen komischen Effekt hat. Oft finden sich umgangssprachliche Wendungen: „rauszukriegen“, „rumschleppte“, „ums Verrecken“ (S. 168). Die Unmittelbarkeit der gesprochenen Sprache wird auch durch die zahlreichen Dialoge hergestellt.

Die Erzählersprache bedient sich an unterschiedlichen Sprachregistern, neben der durchgängigen Verwendung der Standardsprache findet sich die mehr oder weniger stark ausgeprägte Imitation jugendsprachlichen Slangs mit zahlreichen Fäkal- und vulgärsprachlichen Ausdrücken.

Jugendsprache

Zur Jugendsprache zählen beispielsweise Ausdrücke wie:

→ „endbescheuert“ (S. 21),
→ „endgestört“ (S. 50),
→ „endbescheuert“ (S. 236),
→ „endgeil“ (S. 31),
→ „totaler Fachmann“ (S. 25),
→ „Vollprofi“ (S. 25),
→ „strahlkotzen“ (S. 34),
→ „Hochsprung-Legastheniker“ (S. 38),
→ „Arme Sau“ (S. 38),
→ „Ford-Spacko“ (S. 49),
→ „Zeichnung, an der ich mir drei Monate lang den Arsch abgearbeitet hab“ (S. 88),
→ „den Stecker ziehen“ (S. 49),
→ „okayen Unterricht“ (S. 53),
→ „okaye Lüge“ (S. 234),
→ „Kanakenauffanglager“ (S. 116),
→ „Tatjana geht kaputt auf Beyoncé“ (S. 87),

→ „Und sie sieht ja wirklich superporno aus“ (S. 213),
→ „Schwachkopf“ (S. 151),
→ „Spastis“ (S. 154),
→ „voll asi“ (S. 159),
→ „zappenduster“ (S. 160).

Das jugendsprachliche Register nutzt dabei Neologismen (z.B. „Hochsprung-Legastheniker, (S. 38), flektierte Fremdworte („okayen Unterricht“, S. 53) oder kreative Steigerungsformen bzw. Superlativbildungen („superporno“, S. 213).

Fäkalsprachliche Ausdrücke

Fäkalsprachliche Ausdrücke sind zum Beispiel:
→ „Scheißschule“ (S. 40),
→ „Scheißmädchenthema“ (S. 40),
→ „braune Kacktasche“ (S. 42),
→ „Scheißkanake“ (S. 152),
→ „Scheiß“ (S. 154),
→ „kacke“ (S. 157),
→ „Du stinkst wie ein Haufen Scheiße“ (S. 158),
→ „verpissen“ (S. 162),
→ „Frag sie, du Arsch“ (S. 163),
→ „Aber Lösung mein Arsch“ (S. 228),
→ „Arschloch“ (S. 241),
→ „Scheiß-Stasi-Kacker“ (S. 253).

Vulgärsprache

Schließlich lassen sich auch einige Beispiele für Vulgärsprache finden:
→ „Fotze“ (S. 151),
→ „Ficken“ (S. 151),
→ „Russenschwuchtel“ (S. 151),

→ „Hol dir einen drauf runter“ (S. 154),
→ „Fresse“ (S. 228).

Komik

Neben der Verschriftlichung dialektalen Sprechens (vgl. S. 117) wirken auch die jugendsprachlichen Versatzstücke innerhalb des Erzähltextes komisch – zum Beispiel bei der fehlerhaften Flexion eines fremdsprachigen Wortes („okayen“). Weitere sprachliche Stilmittel der Komik sind Beinamen: So wird die Sprachtherapeutin aufgrund ihrer Körperfülle als „Flusspferd“ bezeichnet. Auch die Diskrepanz zwischen Weltwissen und individuellem Wissen erzeugt Komik: So weiß Maik nicht, dass „Walachei“ eine tatsächlich existierende Region in Rumänien bezeichnet: „Irgendwo da draußen und Walachei, das ist dasselbe.“ (S. 97)

3.7 Interpretationsansätze

ZUSAMMENFASSUNG

Zwei Interpretationsansätze bieten sich an:
Tschick ist

→ ein Werk, das formal-gattungsmäßig als Adoleszenzroman zu begreifen ist, da es der für das Genre typischen Struktur der „Heldenreise" folgt und die Identitätsfindung des Protagonisten zum Ziel hat.
→ ein Werk, das sich thematisch-inhaltlich mit einer Vielzahl von aktuellen gesellschaftlichen Problemen aus der Perspektive Heranwachsender auseinandersetzt: Freundschaft– Liebe – Sexualität, Familienkonzepte, Sucht und Suchtmittel, Straffällige Jugendliche – Umgang mit Gesetzen und Regeln.

Hauptthema des Romans im Motto zu finden

Das Hauptthema des Romans wird durch das Motto (vgl. S. 5) vorgegeben. Es handelt sich um einen Dialog zwischen Dawn Wiener und ihrer Mutter, in der die Mutter das Mädchen fragt, wer es ihm befohlen habe, sich zur Wehr zur setzen. Das Zitat stammt aus dem Film *Welcome to the Dollhouse* (1995) von Todd Solondz, es handelt sich um eine schwarze Komödie über die erfolglosen Versuche der 12-jährigen Schülerin Dawn Wiener, Anerkennung in ihrer Klasse und ihrer Familie zu finden. Um Anerkennung geht es dem Ich-Erzähler Maik Klingenberg auch; darüber hinaus lässt sich der Roman unter formal-gattungsmäßiger und thematisch-inhaltlicher Perspektive betrachten, wobei beide Betrachtungsweisen eng miteinander verbunden sind.

Tschick als Adoleszenzroman

Identitätsfindung von Jugendlichen

Tschick lässt sich formal-gattungsmäßig als Adoleszenzroman begreifen, in dem es allgemein um die Identitätsfindung von Jugendlichen geht. Als Adoleszenzliteratur gelten gemeinhin „Texte, in denen die physiologischen, psychologischen und soziologischen Aspekte des Heranwachsens, zumeist zwischen dem 12. und 18. Lebensjahr, thematisiert werden“[17]. Zentrale Motive sind die Auseinandersetzung mit der eigenen Sexualität, mit der Familie, dem Freundeskreis und der Gesellschaft. Die Adoleszenz ist definitionsgemäß mit der Identitätsfindung abgeschlossen, die vor allem im traditionellen Roman mit der Übernahme vorgegebener Rollenmuster einhergeht. Nach 1945 wurde aber mit J. D. Salingers *The Catcher in the Rye* eine moderne Adoleszenzliteratur etabliert, die vehement gegen die unhinterfragten Rollenzuweisungen und standardisierte Lebensläufe protestiert, und die auch am Beispiel weiblicher Protagonistinnen diesen radikalen Protest demonstriert. Gleichzeitig findet sich im modernen Adoleszenzroman die „Entdramatisierung des Generationenkonflikts, die Normalisierung der Spannung zwischen individuellem Anspruch und sozialen Realitäten und eine Vielfalt von Subjektkonzeptionen“[18].

Zentrale Motive

Salingers *The Catcher in the Rye* als Beispiel für moderne Adoleszenzliteratur

Maiks Identitätsbildungsprozess

Die Figur Maik wird mit zwei typischen Motiven der Adoleszenzliteratur konfrontiert: Das erste Interesse für das andere Geschlecht (Tatjana) ebnet den Weg zur Vorbereitung erster Erfahrungen mit Sexualität (Isa). Das Verhalten seiner Eltern führt in den für das Genre typischen Konflikt mit der Familie. Am Ende emanzipiert sich Maik, wenn er seine Überzeugung gegen seinen Vater vertritt; dies ist ein wichtiger Schritt im Identitätsbildungsprozess.

---

17 Kolk 2007, S. 5
18 ebd.

Ein wichtiges Merkmal des Genres ist die Initiation, die als explizites Ritual (z. B. eine Mutprobe oder gesellschaftlich vorgesehenen Rituale wie Hochzeit) auftreten kann oder als „Reise" symbolisch dargestellt wird: Als eine Form der Initiation könnte z. B. der Moment gewertet werden, als Maik das Autofahren lernt (vgl. S. 113 f.); die Reise durch Brandenburg ist der Rahmen, innerhalb dessen Maik mit Themen konfrontiert wird, die für seine Identitätsbildung wichtig sind: Freundschaft/Liebe, Lebenssinn/Tod, Familie/Gesellschaft (Näheres dazu ab S. 81 dieser Erläuterung).

Die Reise als Rahmen für Initiation

Das Todesmotiv steht genretypisch symbolisch für das Sterben der alten Identität: Genauso wie beispielsweise der Tempelritter in Mirjam Presslers Jugendroman *Nathan und seine Kinder* nach seiner Begnadigung sich in einem Prozess der Neudefinition seiner Identität wiederfindet, so wird auch Recha durch den Hausbrand gewissermaßen auf den Weg geschickt, ihre Identität zu finden; der Tod Nathans schließlich zwingt sie dazu, sich in ihrer neuen Identität auch nach außen hin zu beweisen, zu zeigen, dass sie tatsächlich erwachsen ist und Verantwortung übernehmen kann. In *Tschick* wird das Todesmotiv bereits beim Auffinden der Bauminschrift mit dem Namen „Anselm Wail" (S. 174) angeschnitten: Maik reflektiert darüber, dass der Tod alles zunichte macht; gleichzeitig wird ihm die Vergänglichkeit des Zusammenseins mit Isa und Tschick bewusst:

„Sterben" der alten Identität

> „‚Ich weiß nicht, wie es euch geht', sagte ich, ‚aber die ganzen Leute hier, die Zeit – ich meine, der Tod.' (…) ‚ich finde es toll, dass wir jetzt hier sind, und ich bin froh, dass ich mit euch hier bin. Und dass wir befreundet sind. Aber man weiß ja nie, wie lange" (S. 175).

Der zweite Unfall bedeutet dann eine unmittelbare, individuelle Begegnung mit dem Tod: „(I)ch dachte, sterben muss ich sowieso,

warum nicht jetzt (…)" (S. 223 f.). Die Gedanken, die ihm in diesem Moment durch den Kopf gehen, drehen sich um die beiden zentralen Motive „Freundschaft/Liebe" und „Familie/Gesellschaft":

> „In absoluter Stille glitten wir auf diese Räder zu, und ich dachte, jetzt sterben wir also. Ich dachte, jetzt komme ich nie wieder nach Berlin, jetzt sehe ich nie wieder Tatjana, und ich werde nie erfahren, ob ihr meine Zeichnung gefallen hat oder nicht. Ich dachte, ich müsste mich bei meinen Eltern entschuldigen, und ich dachte: Mist, nicht zwischengespeichert. Ich dachte auch, ich sollte Tschick sagen, dass ich seinetwegen fast schwul geworden wäre (…)" (S. 223).

Todesnähe als definitives Ende der Kindheit

Die Erfahrung der Todesnähe markiert auf der Ebene der Handlung das Reiseende, auf der Ebene der thematischen Struktur ist es das definitive Ende der Kindheit; auch wenn von einer vollständigen Identitätsfindung gewissermaßen als „neues Leben" nach der Todeserfahrung noch nicht gesprochen werden kann, so sind durch die Anerkennung im sozialen Bereich und die Distanzierung vom Vater doch klare Entwicklungsrichtungen vorgezeichnet.

Auseinandersetzung mit literarischen Vorlagen

Ein Merkmal des Adoleszenzromans ist darüber hinaus die explizite Auseinandersetzung mit literarischen Vorlagen: In *Die neuen Leiden des jungen W.* von Ulrich Plenzdorf beispielsweise ist Goethes Briefroman *Die Leiden des jungen Werthers* ständig im Bewusstsein der Figur präsent. In *Tschick* ist es die Autobiografie des „Seeteufels" Graf Luckner (vgl. S. 79), auch Karl Mays *Winnetou* (vgl. S. 176) wird erwähnt.

Tschick als Auseinandersetzung mit Adoleszenzthemen

Tschick ist ein Werk, das sich thematisch-inhaltlich mit einer Vielzahl von aktuellen gesellschaftlichen Problemen aus der Perspek-

tive Heranwachsender auseinandersetzt. Diese Themenkomplexe heißen:

→ Freundschaft – Liebe – Sexualität,
→ Familienkonzepte,
→ Sucht und Suchtmittel,
→ straffällige Jugendliche – Umgang mit Gesetzen und Regeln.

Freundschaft – Liebe – Sexualität

Nach dem Wegzug von Maiks Freund Paul, den er seit der Kindergartenzeit kennt, lernt Maik zunächst niemanden mehr kennen: „Ich bin nicht wahnsinnig gut im Kennenlernen" (S. 23). Die nächste Freundschaft entsteht dann auch erst zu Tschick, den er drei Jahre später kennenlernt. Mit Isa und Tschick erlebt er Momente intensiver freundschaftlicher Verbindung. Diese Wertschätzung von Freundschaft ist Ausdruck einer ethischen Grundhaltung, wie sie auch durch die einschlägigen Jugendstudien wie die Shell-Studie oder die DJI-Jugendsurveys belegt wird. Im Kern handelt es sich um eine Veränderung der Wertorientierung im Vergleich zu den 1970er oder 1980er Jahren: Jugendliche sind nicht mehr „an Rebellion oder gesellschaftlichem Ausstieg interessiert, sondern haben vielmehr ein Interesse an belastbaren Familien- und Freundschaftsbeziehungen"[19]. Auch die DJI-Jugendsurveys, die die Werteorientierung jungen Menschen zwischen 12 und 29 Jahren erfassen, bestätigen diese Umorientierung. Der Wert „Anderen Menschen helfen" steht ganz oben auf der Skala und erreicht fast dieselbe Ausprägungsstärke wie „Viel Spaß haben" und „Eigene Ziele verwirklichen" (vgl. Tabelle im Materialienteil auf S. 96 dieser Erläuterung). Insgesamt belegen die Studien, dass sich traditionelle Werte wieder etablieren:

Wertschätzung von Freundschaft

---

19 vgl. Stein/Stummbaum 2011, S. 130

„Die Ergebnisse des DJI-Jugendsurveys stützen die Ergebnisse der Shell-Jugendstudie, wonach ältere Personen zunehmend mehr Verantwortung übernehmen und kritische Einstellungen entwickeln, wobei diese Eigenschaften von jungen Frauen stärker geschätzt werden als von jungen Männern. Selbstverwirklichung, Prosozialität, Pflichtbewusstsein und Leistung sind mit die bedeutsamsten Werte. Allgemein gewinnen die oben genannten Werte der Selbstverwirklichung, Prosozialität, Pflichtbewusstsein und Leistung an Bedeutung und finden eine Aufwertung im dritten Survey. Dagegen verlieren einige hedonistische Werte im Vergleich zum ersten Survey an Bedeutung, ebenso wie die Tendenz sich ‚bevormunden zu lassen'. (…) Alles in allem zeichnet sich ein Wiederaufleben tradierter Werte ab."[20]

Wiederaufleben tradierter Werte

Aufgrund des Alters kann bei Maik, Tschick oder Isa noch nicht von einer „Renaissance" traditioneller Werte gesprochen werden: Die Wertschätzung freundschaftlicher Bindung und das Bestreben, sich nicht bevormunden zu lassen, sind aber deutliche Hinweise auf das Einsetzen des Wertebildungsprozesses im Rahmen der Adoleszenz.

Wertebildungsprozess beim Thema Sexualität

Dieser Wertebildungsprozess betrifft auch den Bereich Sexualität. Maik scheint mit seinem eher abwartenden Verhalten im Hinblick auf das Angebot zum Geschlechtsverkehr mit Isa dem Sexualverhalten zu entsprechen, das in seiner Altersgruppe derzeit gelebt wird. Georg Neubauer fasst die empirischen Erkenntnisse zur Sexualität im Jugendalter folgendermaßen zusammen:

„Eigene heterosexuelle Erfahrungen machen Kinder und Jugendliche fast ausnahmslos nach Beginn der Pubertät um das 12. Lebensjahr. (…) Kinder wissen über viele sexuelle Dinge

---

20 ebd. S. 133

Bescheid. Besonders im Übergang vom Kind zum Jugendlichen zwischen dem 10. und 13. Lebensjahr werden zentrale Informationen ausgetauscht, wobei die Jugendzeitschrift *Bravo* eine zentrale Rolle spielt. (…) Anders als beim Konsum legaler Drogen zeigt sich die Altersgrenze des ersten Geschlechtsverkehrs in den letzten 30 Jahren sehr stabil. Sie liegt nach allen Studien zwischen 16 und 17 Jahren. (…)

Gaben bis in die 1970er Jahre besonders Jungen an, Geschlechtsverkehr zu haben, da sie jetzt in dem Alter sind (1970: männlich 68 %, weiblich 28 %; 1990: männlich 33 %, weiblich 8 %) so geben Jugendliche – auch Jungen – seit 1990 vorwiegend an, es aus Liebe zu tun (1970: männlich 46 %, weiblich 80 %; 1990: männlich 71 %, weiblich 81 %). Jugendliche sind sich auch treu, und es gibt keine ‚Seitensprünge'. So sprechen Sexualforscher wie Schmidt (1993) u. a. davon, dass Jugendliche seriell monogam leben. Insgesamt leben die Jugendlichen auch nicht promisk. Die Vergleichsdaten von 1980, 1994, 1998, 2001 und 2005 zeigen recht konstant, dass drei Viertel der Mädchen mit maximal zwei Partnern Geschlechtsverkehr gehabt haben, den gleichen Anteil erreichen Jungen mit drei Partnerinnen (BzgA 2006, 101). In den Vergleichsstudien zeigt sich auch, dass ca. 10 % der Mädchen und rund 20 % der Jungen mit mehr als drei Partner/innen Geschlechtsverkehr hatten."[21]

Thema Homosexualität

Das Thema Homosexualität als eine Form sexueller Orientierung wird im Roman erstmals im Zusammenhang mit Tatjanas Party angeschnitten – aber nicht weiter problematisiert –, als Tschick vorgibt, sich für Mädchen zu interessieren:

---

21 Neubauer 2011, S. 118 f.

„‚Ist doch eh langweilig', sagte ich und fuhr mit dem Tanklaster ein paar Leute um.

‚Ja, für Schwule vielleicht. Aber für Leute wie mich, die noch im Saft stehen, ist diese Party ein *must*. Simla ist da. Und Natalie. Und Laura und Corinna und Sarah. Nicht zu vergessen Tatjana. Und Mia. Und Fadile und Cathy und Kimberley. Und die ultrasüße Jennifer. Und die Blonde aus der 8a. Und ihre Schwester. Und Melanie.'" (S. 77 f.)

Das Thema Homosexualität wird dann von Tschick selbst in einem abwertenden, beleidigenden Zusammenhang verwendet, als er zu Maik sagt: „Du siehst aus wie 'n Schwuler, dem sie über Nacht den Garten vollgekackt haben." (S. 82) Im gleichen Kontext äußert sich auch Isa zu dem Thema, wenn sie Tschick als „Russenschwuchtel" (S. 151) tituliert. Als Tschick Maik von seiner homosexuellen Neigung erzählt (vgl. S. 214), ist Maik nicht überrascht, sondern reagiert mit freundschaftlicher Zuwendung: „(I)ch dachte einen Moment darüber nach, auch schwul zu werden. (…) aber ich schaffte es nicht. Ich mochte Tschick wahnsinnig gern, aber ich mochte Mädchen irgendwie lieber" (S. 214). Das Thema Homosexualität ist damit abgeschlossen und wird nicht weiter verfolgt.

Sozialwissenschaftliche Studien zur Lebenssituation homosexueller und lesbischer Jugendlicher lassen nach der Darstellung von Sielert/Timmermanns den Schluss zu, dass die Lebenssituation solcher Jugendlicher sich in den letzten Jahren zwar verbessert habe, nach wie vor aber problematisch sei.[22] Homophobe Stimmungen – wie sie auch im Roman anklingen – sowie Diskriminierung und

22 vgl. Sielert/Timmermanns 2011, S. 36

Gewalt gehören zu den Sozialisationserfahrungen dieser Jugendlichen:

> „Trotz dieses positiven Trends in Richtung mehr Toleranz gegenüber sexuellen Minderheitsorientierungen sind gemäß der oben genannten allgemeinen Studien zu homophoben Einstellungen in der Bevölkerung immer noch bei ca. der Hälfte der Bevölkerung deutliche Vorbehalte existent. Zudem ist zu vermuten, dass angesichts diverser Angstthemen im Zusammenhang mit Sexualität, so z. B. angesichts des öffentlichen Pädophiliediskurses immer wieder homophobe Stimmungen erzeugt werden, die sich höchstwahrscheinlich negativ auf die sexuelle Sozialisation von Jugendlichen mit bi- und homosexueller Orientierung auswirken. In den jugendspezifischen Studien spiegeln sich ähnliche Größenordnungen angesichts genereller Akzeptanzvorbehalte wieder. Hinzu kommen die mit deutlichen Quantitäten belegten Schwierigkeiten und Entwicklungsverzögerungen bei der sexuellen Identitätsbildung sowie Angst auslösende Gewalterfahrungen.“[23]

Familienkonzepte

Problematische Familiensituation bei Maik, Tschick und Isa

Die familiäre Situation der drei jugendlichen Protagonisten ist problematisch: Von den Eltern der 14-jährigen Isa wird gar nichts berichtet, eine Beziehung scheint hier überhaupt nicht zu existieren; Tschick lebt ohne seine Eltern und nur mit seinem Bruder in Deutschland; Maiks Familie ist zwar nach außen intakt, die Suchterkrankung der Mutter und die Entfremdung des Vaters von der Familie vermitteln keine familiäre Geborgenheit.

---

23 ebd.

Auch wenn die familiäre Situation dieser drei Protagonisten nicht exemplarisch stehen kann für die Situation in Deutschland, so lässt sich doch sagen, dass die Umfragen des Statistischen Bundesamtes oder auch die Erkenntnisse der World Vision Kinderstudie deutlich eine Veränderung der klassischen Form der Familie konstatieren. Diese Veränderung betrifft neben Änderungen in der Rollenverteilung der Eltern vor allem die Tatsache, dass immer weniger Kinder in der klassischen Kernfamilie mit Vater und Mutter aufwachsen: Die World Vision Kinderstudie von 2010 ermittelt, dass nur noch 72 % der Kinder zwischen sechs und elf Jahren bei ihren beiden leiblichen und miteinander verheirateten Eltern aufwachsen, 4 % der Kinder wachsen bei ihren unverheirateten Eltern auf und 16 % der Kinder leben bei einem alleinerziehenden Elternteil[24], in Deutschland ist das fast immer die Mutter, was nicht nur Ausdruck eines in Deutschland in diesem Bereich nach wie vor manifesten traditionellen Rollenverständnisses, sondern wohl auch einer die erziehungsbereiten Väter nach wie vor diskriminierenden Ungleichbehandlung auf juristischer Ebene ist.

Veränderung der klassischen Familienform

Sucht und Suchtmittel

Problembereich Alkohol

Tschicks Alkoholkonsum weist auf einen gesellschaftlichen Problembereich hin, der zum Adoleszenzprozess gehört, nämlich auf die Auseinandersetzung mit Sucht und Suchtmitteln. Im Hinblick auf den Alkoholkonsum kommen Studien zu dem Ergebnis, dass der Anteil der Jugendlichen, die keinen Alkohol trinken, umgekehrt proportional zur Zunahme der Klassenstufe verläuft (vgl. Tabelle im Materialienteil auf S. 104 dieser Erläuterung). Untersuchungen zufolge geben immerhin 24,6 % der Jungen und 14,9 % der Mädchen in der

24 vgl. Stein/Stummbaum 2011, S. 145

9. Klasse an, regelmäßig Alkohol zu konsumieren.[25] Im Vergleich zu 2003 – dies zeigt die Tabelle im Materialienteil aber auch, hat der Prozentsatz deutlich abgenommen (2003 waren es noch 37 % der Jungen und 24,6 % der Mädchen). Trotz dieses Rückgangs erfährt das übermäßige Trinken bis zur Bewusstlosigkeit („Komasaufen", „Binge-Trinken") in den letzten Jahren eine ansteigende Beliebtheit (vgl. Artikel im Materialienteil auf S. 105 und S. 106 dieser Erläuterung). Das Statistische Bundesamt ermittelt, dass im Jahr 2011 26.349 Kinder und Jugendliche im Alter von 10 bis 19 Jahren aufgrund akuten Alkoholmissbrauchs stationär in einem Krankenhaus behandelt wurden. Diese Zahl bedeutet einen Anstieg im Vergleich zu 2010 um 1,4 %. 62 % aller behandelten Fälle waren jungen Männer.[26]

Straffällige Jugendliche – Umgang mit Gesetzen und Regeln

Überblick straffällige Jugendliche

Das Strafrecht unterscheidet zwischen Kindern bis 14 Jahren, die noch nicht straffähig sind, Jugendlichen zwischen 14 und 18 Jahren, die nach dem Jugendstrafrecht abgeurteilt werden, und Heranwachsenden zwischen 18 und 21 Jahren, für die entweder das Jugendstrafrecht oder das allgemeine Strafrecht gilt. Die Zahl der straffällig gewordenen und verurteilten Jugendlichen lag im Jahre 2011 bei 51.325 Personen, die der Heranwachsenden lag bei 76.428, die der Erwachsenen bei 680.062. Im Hinblick auf die Zahl der straffälligen Jugendlichen und Heranwachsenden kann ein deutlicher Rückgang im Vergleich zu 2009 beobachtet werden.[27] Auch die Grafik des Statistischen Bundesamtes (vgl. Übersicht für das Jahr 2011 im Materialienteil auf S. 109 dieser Erläuterung)

---

25 Richter/Settertobulte 2003 und Nickel/Ravens-Sieberer/Richter/Settertobulte 2008

26 vgl. Statistisches Bundesamt: *Diagnose Alkoholmissbrauch 2011*

27 vgl. Statistisches Bundesamt: *Rechtspflege, Strafverfolgung 2011*, S. 16

macht den Rückgang offensichtlich, gleichwohl ist die Zahl der straffälligen Jugendlichen nach wie vor sehr hoch.

Die häufigsten Straftaten werden von Jugendlichen im Bereich des Diebstahls begangen: Im Jahre 2011 wurden deswegen 7132 Jugendliche zwischen 14 und 16 Jahren verurteilt.[28] Auch Straftaten gegen die körperliche Unversehrtheit sind weit verbreitet: Im Jahre 2011 wurden deswegen 5119 Jugendliche zwischen 14 und 16 Jahren verurteilt.[29] Straftaten im Straßenverkehr sind dagegen relativ gering ausgeprägt, hier sind lediglich 756 Fälle von verurteilten Jugendlichen zwischen 14 und 16 Jahren aktenkundig.[30]

Überblick Strafen für Jugendliche

Welche Strafen werden verurteilten Jugendlichen auferlegt? Die schwerste Sanktion des Jugendstrafrechts ist die Jugendstrafe; sie wird ins Strafregister eingetragen und kann mindestens sechs Monate und höchstens zehn Jahre betragen. Die anderen Sanktionen des Jugendstrafrechts werden als „Maßnahmen" bezeichnet; dabei handelt es sich um Zuchtmittel wie Verwarnungen, Wiedergutmachungen, Entschuldigungen, Ableistung von Arbeitsdiensten, Zahlung eines Geldbetrages an eine gemeinnützige Einrichtung oder auch um Jugendarrest. Neben den Zuchtmitteln existieren sogenannte „Erziehungsmaßregeln", die von der Unterstützung der Sorgeberechtigten bei der Erziehung bis hin zur Unterbringung in einer Pflegefamilie oder einem Heim reichen können.

Gründe für Straffälligkeit

Über die Gründe für die Straffälligkeit von Kindern und Jugendlichen gibt es zahlreiche Hypothesen. Abgesehen davon, dass es völlig normal ist, dass während der Adoleszenz eigene und soziale Grenzen überprüft werden, gibt es auch psychosoziale Gründe, die familiär bedingt sind. Im „Stern"-Artikel (vgl. Materialienteil

---

28 vgl. ebd. S. 25
29 vgl. ebd.
30 vgl. ebd.

S. 110 f. dieser Erläuterung) zitiert beispielsweise Malte Arnsperger den Politologen Bernd Holthusen, der das Fehlen verlässlicher familiärer Strukturen für das Verhalten verantwortlich macht:

> „Viele von ihnen leben in desolaten Familiensituationen, erleben dort Gewalt. Sie haben Abbrucherfahrungen, haben Scheidungen erlebt oder mussten oft umziehen, die Schule wechseln. Ihnen fehlen der Halt und verlässliche Strukturen, sie können und wollen sich irgendwann auf niemanden mehr einlassen.“[31]

---

31 Bernd Holthusen in Arnsperger 2013

4. REZEPTIONSGESCHICHTE

Das Buch erlebte gleich nach seinem Erscheinen im September 2010 (gebundene Ausgabe; Taschenbuchausgabe März 2012) eine überaus erfolgreiche Aufnahme, es stand viele Wochen auf der Spiegel-Bestseller-Liste, rangierte bei Amazon fast zwei Jahre unter den Top 100 der verkauften Bücher und wurde bereits bis 2013 in 12 Sprachen übersetzt. Nach dem Tod Herrndorfs im August 2013 wurde das Buch in praktisch allen Nachrufen an prominenter Stelle erwähnt, Herrndorf gilt als „Autor von *Tschick*". Felicitas von Lovenberg formuliert in ihrem Nachruf in der „Frankfurter Allgemeinen Zeitung" sogar „Er gab uns *Tschick*" und Jan Küveler spekuliert in der *Welt*, dass *Tschick* und *Sand* die besten Filme des Jahrzehnts werden, „wenn Produzenten und Regisseure nicht total unfähig sind" (vgl. Nachrufe auf Herrndorf im Materialienteil ab S. 97 dieser Erläuterung).

Tschick erhielt den Deutschen Jugendliteraturpreis 2011. Die Begründung der Preisjury (vgl. Materialienteil S. 102 ff. dieser Erläuterung) liest sich wie eine Aufzählung aller der in der vorliegenden Erläuterung erörterten Merkmale.

Auch viele Leser schätzen den Text, wie man beispielsweise aus den Kommentaren bei *Amazon* entnehmen kann. Von den abgegebenen 1107 Kommentaren finden 901 das Buch sehr gut oder gut.[32]

Positive Einschätzungen lauten beispielsweise:

→ „*Tschick* ist das wunderbarste Buch, das ich je über das Erwachsenwerden gelesen habe."

→ „Selten hat mich ein Buch so berührt wie *Tschick*."

---

32 Stand November 2016

- „Ich habe jede einzelne Seite dieses Buches genossen und behalte es als ein wunderschönes Wohlfühlbuch in Erinnerung."
- „*Tschick* ist warmherzig, einfühlsam, irre rasant, glaubhaft, überraschend, fein geschrieben und einfach unglaublich komisch."

Lediglich 67 Kommentare auf der erwähnten Seite des Online-Händlers *Amazon* lehnen das Buch vollständig ab. Die Argumente, die zu einer Negativbewertung führen, sind im Wesentlichen ästhetischer Art: Das Buch wird als langweilig empfunden, die Dialoge seien platt und sinnlos, die Handlung unrealistisch, die Sprache nicht authentisch und schließlich müsste der pädagogische Wert des Buchs angezweifelt werden.

Kurz nach dem Erscheinen des Romans wurde von Robert Koall, einem ehemaligen Assistenten von Christof Schlingensief und persönlichen Freund von Wolfgang Herrndorf,[33] auch eine Bühnenfassung vorgelegt. In dieser Fassung wurde der Roman bereits am 19. November 2011 am Staatsschauspiel Dresden unter der Regie von Jan Gehler uraufgeführt. In der Saison 2012/2013 war *Tschick* mit 764 Aufführungen das meistgespielte Stück auf allen deutschen Bühnen. In 29 Inszenierungen kamen 99000 Besucher, kein anderes Stück wurde in dieser Spielzeit häufiger inszeniert. Auch in der Spielzeit 2016/17 ist es mit Benjamin Pauquet als Maik Klingenberg, Loris Kubeng als Tschick und Alexandra Sinelnikova als Isa nach wie vor im Repertoire des Staatsschauspiels Dresden.

Im Jahre 2017 soll auch eine Opernversion mit der Musik von Ludger Vollmer auf die Bühne gebracht werden. Das Stück soll am Theater Hagen in der Regie von Roman Hovenbitzer und unter der

---

33 vgl. http://www.zeit.de/2012/46/Robert-Koall-Wolfgang-Herrndorf-Tschick [Abruf am 21.10.2016]

musikalischen Leitung des Dirigenten Florian Ludwig am 18. März 2017 uraufgeführt werden.

Die von Jan Küveler bereits im Jahre 2013 angesprochene Verfilmung des Romans wurde in der Tat realisiert und kam im Herbst 2016 in die Kinos.[34] Unter der Regie von Fatih Akin spielen Tristan Göbel als Maik Klingenberg, Anand Batbileg als Andrej „Tschick" Tschichatschow sowie Mercedes Müller als Isa Schmidt.

Akin erhielt zunächst nicht den Zuschlag für die Filmrechte, um die sich „so ziemlich die halbe Republik"[35] bemühte. Nachdem dann aber der ursprünglich vorgesehene Regisseur David Wnendt abgesprungen war, wurde Akin beauftragt, die Regie zu übernehmen. Zusammen mit Hark Bohm überarbeitete er das Drehbuch, das Lars Hubrich im Jahre 2013 noch im Auftrag Herrndorfs angefertigt hatte. Der Film, der am 12.09.2016 uraufgeführt wurde, erhielt eine überwiegend positive Resonanz.

Im Hinblick auf die ästhetische Eigenständigkeit seiner Literaturverfilmung gibt der Regisseur an, er strebe an, ein vom Text unabhängiges Kunstwerk schaffen zu wollen, das seiner Lesart des Romans entspreche.

> „Natürlich ist *Tschick* sowas wie eine heilige Kuh. Aber davon muss man sich komplett befreien. Du darfst da keine Romanpolizei im Nacken spüren. Du kannst es sowieso nicht allen recht machen. Bücher sind wie Freunde, die begleiten dich ein Leben lang. Und jeder hat eine eigene Beziehung dazu. Es gibt nicht einen *Tschick*-Roman, sondern zwei Millionen. Ich habe eben meinen verfilmt. Man darf es auch nicht möglichst vielen

---

34 vgl. auch http://www.tschick-film.de/ [Abruf am 21.10.2016]

35 vgl. http://www.morgenpost.de/kultur/article208218441/Fatih-Akin-ueber-Tschick-Das-musste-mein-Film-werden.html [Abruf am 21.10.2016]

> recht machen, sonst verzettelt man sich. Aber ich habe so gedreht, dass ich hoffte, so hätte es Herrndorf gefallen können. Auch wenn das wahrscheinlich auch nicht gelungen ist.“[36]

Akin sieht seine Tätigkeit als eine Art „Dolmetscherjob“, der die literarische Vorlage in die Sprache des Films übersetzt; ihm sei es besonders darum gegangen, die Grundstimmung des Romans einzufangen, die er als eine Kombination aus Melancholie, Witz, Abenteuer und Ernsthaftigkeit beschreibt, die das Adoleszenzmotiv begleiten.

Die Stimmen zum Roman und die schnelle Adaption auf der Bühne, als Film und als Hörbuch zeigen, dass *Tschick* sehr rasch den Weg in den Literaturkanon gefunden hat. Dies stellte bereits 2012 Athena Schreiner in ihrem Vorwort der Materialmappe zur Inszenierung der Bühnenfassung von Robert Koall fest.[37] Die Inszenierung der Landesbühne Wilhelmshaven, die am 1. Juni 2013 Premiere hatte, war explizit für Schulklassen angelegt[38]:

> „*Tschick* ist einfach ein Roman über zwei Heranwachsende, die aus ihrer gewohnten Umgebung ausbrechen, um frei und unabhängig zu sein. Eigentlich reicht das schon, das wird auch jedem Ihrer Schüler einleuchten. Ok, ‚Fun‘ wollten sie auch haben, das gibt Maik selbst zu. Aber was bedeutet das? Lassen Sie sich das mal von Ihren Schülern definieren: Fun.“[39]

Auch wenn der literarische Wert des Romans durchaus umstritten ist und in den wenigen kritischen Stimmen betont wird, so wird der

---

36 vgl. ebd.
37 vgl. Herrndorf/Koall 2012, S. 1
38 vgl. ebd. S. 20
39 vgl. ebd. S. 1

pädagogische Wert des Buches doch weithin anerkannt; der Text wird als Werk eines zeitgenössischen Kinder- und Jugendbuchautors verstanden, das auf wichtige individuelle und gesellschaftliche Aspekte der Adoleszenz eine Antwort formulieren hilft.[40] Dies dürfte seinen Erfolg erklären.

40 Dass der Roman in kurzer Zeit zur Schullektüre avancierte und als pädagogisch wertvoll erachtet wurde, belegt auch der Umstand, dass seit dem Erscheinen der ersten Auflage der vorliegenden Königs Erläuterung im Februar 2014 weitere Lektürehilfen in anderen Schulbuchverlagen erschienen sind, so beispielsweise bei Reclam (Eva Maria Scholz, Juli 2014), Schöningh (Alexandra Wölke, Januar 2016), Stark (Werner Kramper, Februar 2016) und Klett (Wolfgang Pütz, September 2016).

5. MATERIALIEN

Definition „Adoleszenzliteratur"

„**Adoleszenzliteratur**, [lat. *adulescentia* = Jugend], Texte, in denen die physiologischen, psychologischen und soziologischen Aspekte des Heranwachsens, zumeist zwischen dem 12. und 18. Lebensjahr, thematisiert werden. Bereits im 18. Jh. treten mit Goethes *Die Leiden des jungen Werthers*, einzelnen Dramen des Sturm und Drang und Moritz' *Anton Reiser* Texte auf, in denen die Konsequenzen der Auflösung ständischer Vergesellschaftung und die Folgen für individualisierte Lebensläufe beschrieben werden: Generationskonflikte und Jungsein als selbstgestaltete Lebensphase mit Risiken wie Entwicklungspotentialen zugleich; Autobiografie und Bildungsroman greifen verwandte Probleme sozialen Wandels und kultureller Neudefinition von Lebensphasen auf. Eine deutliche Umakzentuierung bringt die A. um 1900 mit Texten wie F. Wedekinds *Frühlings Erwachen*, H. Hesses *Unterm Rad* und R. Musils *Die Verwirrungen des Zöglings Törleß*. Die zumeist männlichen Protagonisten scheitern an den Anforderungen ihrer Erzieher, Jugend erscheint als Stadium fragiler Identität und einer von Elternhaus und Schule nur unzureichend berücksichtigten Krise; allenfalls die Freundschaft mit Gleichaltrigen bietet ein Refugium. Nach 1945 wird mit J. D. Salingers *The Catcher in the Rye* eine A. etabliert, die gegen die unbefragten Rollenzuweisungen und standardisierte Lebensläufe protestiert. Die moderne A., die vielfach der Jugendlit. (Kinder- und Jugendlit.) zugerechnet werden kann, kennt – auch am Beispiel weiblicher Protagonistinnen – radikalen Protest und ‚Ausstieg' (Plenzdorf: *Die neuen Leiden des jungen W.*) ebenso wie die Entdramatisierung des Generationenkonflikts, die Normalisierung der Spannung zwischen individuellem Anspruch und sozialen

18. Jh.: Generationskonflikte und Jungsein

Um 1900: Jugend als Stadium fragiler Identität

Nach 1945: Protest gegen Rollenzuweisungen

Realitäten und eine Vielfalt von Subjektkonzeptionen. Jungsein wird als generationsübergreifender gesellschaftlicher Imperativ gezeigt, Sinnperspektiven und zielgerichtete Lebensplanung erweisen sich als Ausnahmen (Z. Jenny: *Das Blütenstaubzimmer*)."[41]

Werteorientierung junger Menschen zwischen 12 und 29

1 = überhaupt nicht wichtig, 10 = sehr wichtig[42]

	12- BIS 15-JÄHRIGE		16- BIS 29-JÄHRIGE	
	Weibl.	Männl.	Weibl.	Männl.
Viel Spaß haben (12–15 J.)/ Das Leben genießen (16–29 J.)	9,1	9,1	8,5	8,6
Eigene Ziele verwirklichen (12–15 J.)/ Sich selbst verwirklichen (16–29 J.)	8,9	8,7	8,5	8,4
Anderen Menschen helfen	9,0	8,5	8,6	8,2
Eigene Fähigkeiten entwickeln (12–15 J.)/ Eigene Fähigkeiten entfalten (16–29 J.)	8,8	8,3	8,4	8,0
Etwas leisten	8,4	8,3	8,3	8,4
Sich durchsetzen können (12–15 J.)/ Durchsetzungsfähig sein (16–29 J.)	8,3	8,2	8,1	8,1
Viel Geld verdienen (12–15 J.)/ Ein hohes Einkommen anstreben (16–29 J.)	7,8	8,4	7,4	7,9
Ein aufregendes, spannendes Leben führen	7,8	7,9	6,8	7,2
Auf Sicherheit bedacht sein	8,0	7,7	8,0	7,7

41 aus: Kolk 2007, S. 5 f.

42 Tabelle nach: Stein/Stummbaum 2011, S. 133

	12- BIS 15-JÄHRIGE		16- BIS 29-JÄHRIGE	
	Weibl.	Männl.	Weibl.	Männl.
Pflichtbewusst sein	7,9	7,6	8,5	8,3
Unabhängig sein	7,5	7,5	8,4	8,4
Verantwortung für andere übernehmen	7,4	7,2	7,9	7,5
Sich anpassen	6,9	7,1	6,3	6,3
Ehrgeizig sein	6,6	6,6	7,6	7,8
Tun und lassen, was man will	6,3	6,4	5,8	6,0
Kritisch sein	6,4	6,2	7,7	7,6

Nachrufe auf Wolfgang Herrndorf

Felicitas von Lovenberg: Zum Tod Wolfgang Herrndorfs. Dieses Zuviel ist niemals genug

„Er gab uns *Tschick* und *Sand*, mit seinen präzisen, empathischen und humorvollen Geschichten machte er unsere Welt als Wunder erfahrbar. Zum Tod des Berliner Schriftstellers Wolfgang Herrndorf.

Tschick begleitet einen durchs Leben

Jeder Tod ist traurig. Dieser jedoch wird vielen Menschen das Herz brechen, jungen und älteren, Frauen und Männern, Viellesern und solchen, die sonst mit Literatur nichts am Hut haben. Denn sie alle verdanken diesem Autor einen Roman, der zu jenen raren Büchern gehört, die einen durchs Leben begleiten, weil all das, was man sonst besser fühlen als sagen kann, darin enthalten ist: Überschwang und Wehmut, Glück und Freundschaft, Einsamkeit und Endlichkeit, überwölbt von der Sehnsucht nach dem einen, alles beglaubigenden Augenblick. Über eine Million Mal hat sich *Tschick* verkauft, die 2010 erschienene Abenteuerfahrt zweier ju-

gendlicher Ausreißer, die auf ihrem Weg durch den wilden Osten den Geheimnissen des Lebens begegnen. (...)

Alle Herrndorfschen Helden sind unterwegs

Alle Herrndorfschen Helden sind unterwegs: der namenlose Egomane der *Plüschgewitter* ebenso wie die Protagonisten der Erzählungen in *Diesseits des Van-Allen-Gürtels* (2007) und Maik und Tschick in ihrem geklauten Lada auf dem Weg in die Walachei. Auch der Mann ohne Gedächtnis, den der Autor 2012 in der umfassenden Wüstenei seines großen Romanrätsels *Sand* auftauchen lässt, pendelt unerfüllt zwischen irgendwo und nirgendwo. Dabei sind Herrndorfs Werke alles andere als unzugänglich, jedem sofort verständlich und oft sehr komisch. Mit Ausnahme von *Sand*, dieser auf Unschärfe setzenden Nihilismus-Hymne im unterhaltsamen Gewand des Spionagethrillers, für die er den Preis der Leipziger Buchmesse bekam, spielt seine Literatur in der Gegenwart – doch die präzise Sprache, mit der er dem Heute zu Leibe rückt, weist darüber hinaus und macht unsere Welt als romantisch aufgeladenes Wunder neu und sinnlich erfahrbar. (...)

Großes Thema Freundschaft

Äußerlich geben sich Herrndorfs Helden abgeklärt und sarkastisch, doch in ihnen brodelt, wie in ihrem Schöpfer, ein Zuviel an Empathie und Verbundenheit. Es ist diese Zartheit, die sich allein über den Ton vermittelt, die eine Kameradschaft, Zugehörigkeit und Identifikation erzeugt, der sich kein Leser entziehen kann und will.

Freundschaft war eines seiner großen Themen. Noch wichtiger aber war Wolfgang Herrndorf Autonomie, in der Kunst wie im eigenen Leben. Nun ist der großartige Schriftsteller gegangen – unbesiegt."[43]

---

43 Felicitas von Lovenberg in der „Frankfurter Allgemeinen Zeitung" vom 27. 8. 2013

Nada Weigelt: Wolfgang Herrndorf mit 48 Jahren gestorben

„Im schrottigen Lada Richtung Walachei: Mit seinem Abenteuerroman *Tschick* stand Wolfgang Herrndorf wochenlang auf den Bestsellerlisten. Jetzt ist der Berliner Autor nach langem Krebsleiden gestorben.

Als Wolfgang Herrndorf im vergangenen Jahr den renommierten Preis der Leipziger Buchmesse erhielt, konnte er die Auszeichnung schon nicht mehr selbst entgegennehmen. Durch einen Freund ließ er lediglich ein afrikanisches Sprichwort übermitteln: ‚Die Sonne geht immer hinter der Düne unter, die Dir gerade am nächsten ist.' Am Montag ist der Autor mit 48 Jahren in Berlin gestorben. ‚Er hat sich gestern in den späten Abendstunden am Ufer des Hohenzollernkanals erschossen', teilte die befreundete Schriftstellerin Kathrin Passig per Twitter mit.

Tschick rührte viele Leser ans Herz

2010 hatte der gebürtige Hamburger mit seinem Roman *Tschick* den Überraschungserfolg des Jahres gelandet. Das Buch stand monatelang auf den Bestsellerlisten, erhielt den Deutschen Jugendliteraturpreis 2011 und hat sich inzwischen mehr als eine Million mal verkauft. Die abenteuerliche Lada-Fahrt der beiden Freunde Maik und Andrej quer durch Ostdeutschland rührte viele Leser ans Herz. ‚Ein großartiges Buch, egal, ob man nun dreizehn, dreißig oder gefühlte dreihundert ist', befand die ‚Frankfurter Allgemeine Zeitung'.

Nur wenige Monate vor dem Druck des Romans wurde bei Herrndorf ein bösartiger Gehirntumor diagnostiziert. Prognose: Nicht heilbar. Seither gab er in seinem Blog *Arbeit und Struktur* regelmäßig Auskunft über sein Leben mit dem Tod. Am 8. März 2010, nach einer Einlieferung in die Psychiatrie begonnen, ist das Internet-Tagebuch ein ebenso erschütterndes wie bitter-komisches

Dokument von Wut und Verzweiflung, Angst und Überlebenskampf. (...)

Die letzten Einträge in seinem Blog *Arbeit und Struktur* (www.wolfgang-herrndorf.de) zeugen erschütternd davon, wie der große Sprachkünstler immer mehr seine Worte verliert. ‚Ich bin nicht der Mann, der ich einmal war. Meine Freunde reden mit einem Zombie', schrieb er Anfang Juli. Und einige Tage später folgte ein Gedicht: ‚Niemand kommt an mich heran / bis an die Stunde meines Todes. / Und auch dann wird niemand kommen. / Nichts wird kommen, und es ist in meiner Hand.'"[44]

Jan Küveler: Herrndorf schrieb im Wettlauf mit dem Tod

„Der Autor des Bestsellers *Tschick* dokumentierte sein Sterben seit drei Jahren öffentlich mit einem Blog. Jetzt ist der Schriftsteller, der an einem unheilbaren Gehirntumor litt, gestorben. Er wurde nur 48 Jahre alt.

Es ist so traurig. Da stirbt einer, man ist schon lange sein Freund, man kann nichts machen, man kennt ihn nicht einmal. Im sogenannten echten Leben wäre aus der Freundschaft wahrscheinlich nichts geworden. Man hätte auf irgendeiner Party angestoßen, verschämten Small Talk über die Lippen gebracht. Dann wäre man wieder gegangen, ohne sich kennengelernt zu haben.

Herrndorf hatte Tausende Freunde, die er nicht kannte

Gerade am Ende seines viel zu kurzen Lebens, 1965 wurde er geboren, hatte Wolfgang Herrndorf Tausende Freunde, die er nicht kannte. (...)

Seit dem 8. März 2010 hat Herrndorf im Internet sein Leben dokumentiert. Man könnte auch sagen, sein Sterben; aber sind die beiden letztlich nicht sowieso das Gleiche? Das Internettagebuch

---

44 Nada Weigelt in der „Berliner Zeitung" vom 27. 8. 2013

geht gleich gut los: ‚Gestern haben sie mich eingeliefert. Ich trug ein Pinguinkostüm.' Herrndorf war nächtlich bei Freunden aufgetaucht und hatte randaliert. Er war gerade aus der Berliner Charité entlassen worden, wo man ihm einen besonders aggressiven Hirntumor herausoperiert hatte. War er jetzt verrückt? Meldeten sich bereits die Metastasen, die ihn schließlich umbringen sollten? Oder war Randalieren im Pinguinkostüm nicht das Normalste von der Welt, wenn man als 45-Jähriger erfuhr, dass plötzlich alles vorbei sein sollte?

Es war ja noch nicht alles vorbei. Er hatte noch etwas Zeit. Das konnte er damals natürlich noch nicht wissen. Er googelte sich alle möglichen Studien zusammen, die ihm bestenfalls ein Jahr gaben. Zwölf Monate später notiert er: ‚Bilanz eines Jahres: Hirn-OP, zweimal Klapse, Strahlen, Temodal. 1 3/4 Romane, erster großer Urlaub, viele Freunde, viel geschwommen, kaum gelesen. Ein Jahr in der Hölle, aber auch ein tolles Jahr. Im Schnitt kaum glücklicher oder unglücklicher als vor der Diagnose, nur die Ausschläge nach beiden Seiten größer.' Die eindreiviertel Romane sind eben *Tschick*, für das er altes Material in Form bringt, und *Sand*. Irre ist an diesem Programm nur die Leistung. (...)

Lange vor angeblich sechsstelligen Verkäufen von Filmrechten – wenn Produzenten und Regisseure nicht total unfähig sind, werden *Tschick* und *Sand* die besten Filme des Jahrzehnts –, verdingte sich der junge Herrndorf zum Beispiel als Votivmaler Helmut Kohls, freilich im Auftrag des Satiremagazins ‚Titanic'. Der damalige Kanzler sah sich in eine existentialistische Edward-Hopper-Szene gesetzt oder studierte Papiere in einem Ausschnitt von Vermeers ‚Malkunst'.

‚Ich möchte die Bücher schreiben, die ich selber gerne lese', hat Herrndorf vor Jahren einmal gesagt, ‚im Grunde ist das Unterhaltungsliteratur. Nabokov meinte, gute Literatur erkenne man daran,

„Ich möchte die Bücher schreiben, die ich selber gerne lese"

dass es einem kalt den Rücken runterläuft. Der ganze Mist, den Literaturkritiker schreiben, so Nabokov, könne man vergessen, es komme nur darauf an, dass es einen erwischt, kalt erwischt. Genau, so ist das.' (...)"[45]

Begründung der Verleihung des Deutschen Jugendliteraturpreises 2011

„Es gibt sie tatsächlich: die sprichwörtliche Walachei. Dorthin unterwegs: zwei Jungs, beide aus verschiedenen Gründen Außenseiter, beide 14 Jahre alt. Tschick, eigentlich Andrej Tschichatschow: Ein russischer Migrant, klug, aber schweigsam im Unterricht, erscheint schon mal alkoholisiert in der Schule. Maik Klingenberg, kein Spitzname: Vater nahezu bankrotter Geschäftsmann mit Geliebter, Mutter zwischen Entzugsklinik und Tennisplatz lebend. Und hoffnungslos verliebt in Tatjana Cosic, die ‚super' aussieht und ein Meter 65 groß ist, wie Maik durch die Schuluntersuchung weiß.

Scharfe Beobachtungsgabe, geistreiche Schilderungen, Faible für skurrile Situationen

Tschick und Maik schnappen sich eines Abends einen alten Lada und fahren los. Mit Tempo und Witz begleitet der Autor seine Figuren auf ihrer Reise durch die deutsche Provinz, ohne auch nur eine Sekunde aus den Augen zu verlieren, dass Tschick und Maik tatsächlich erst 14 sind. Seine scharfe Beobachtungsgabe, seine geistreichen Schilderungen von Menschen, Szenen und Begegnungen sowie sein Faible für skurrile Situationen übergibt Herrndorf dem Ich-Erzähler Maik, der im Rückblick von diesem Abenteuer berichtet.

Bei der erneuten Lektüre der Lieblingsbücher seiner Kindheit fielen Herrndorf deren Erfolgskriterien auf: Die Erwachsenen werden

---

45 Jan Küveler in der „Welt" vom 27. 8. 2013

möglichst rasch aus der Geschichte verbannt, jugendliche Helden brechen zu einer großen Reise auf und die geht raus aufs Wasser. Das schien ihm, so Herrndorf während einer Lesung, ‚ein gutes Konzept für ein Jugendbuch zu sein'. Und auch wenn das Wasser den Straßen Ostdeutschlands weichen musste und die Dampfer zu einem Lada wurden, ist das Konzept aufgegangen: Tom Sawyer alias Maik und Huckleberry Finn alias Tschick gehen auf große Fahrt. Sie sind aber eben erst 14 und das stellt sie immer wieder, wie beispielsweise vor einer Autobahnfahrt, vor die Frage: Wie kann man erwachsen wirken, falls ein vorbeirauschender Fahrer ins Wageninnere blickt? Ein Hitlerbärtchen? Das sollte, so denken die beiden, in Ostdeutschland kein Problem darstellen. Solche Formen bittersüßer Ironie beherrscht der Autor auf virtuose Weise.

Starke Charaktere

Ebenso großartig wie Maik und Tschick sind die anderen Figuren dieses Roadmovies mit starken Charakteren ausgestattet. Man sieht sie wie im Kino lebendig vor sich, wie überhaupt der ganze Roman sehr filmisch erzählt ist: Horst Fricke, ‚der beste Schütze seiner Einheit', Isa, das schmutzige Mädchen, das so gut singen kann, die Sprachtherapeutin, die wie der Teufel Auto fährt, um Tschick ins Krankenhaus zu bringen und sogar noch der vom nächtlichen Anruf Maiks aus dem Krankenhaus geweckte Mann, der nach kurzer Zeit versteht, welche Finte sich Maik für die Krankenschwester ersonnen hat, damit die nicht seine Eltern anruft. Von all diesen Begegnungen nehmen Maik und Tschick etwas mit. Ihr Erfahrungskoffer ist prall gefüllt, als ihre Reise jäh endet.

Feines Gespür, Authentizität, Komik

Tschick ist ein Abenteuer- und auch ein Bildungsroman, mit dem Herrndorf die Modernisierung seiner Kindheitslektüren perfekt gelungen ist. Das feine Gespür des Autors für jugendrelevante Themen, komische Dialoge, der jugendlich-authentische Erzählton und

der bis zum filmreifen Finale konsequent durchgehaltene Spannungsbogen machen den Roman herausragend."[46]

Jugendliche und Alkohol

Alkoholkonsum bei Kindern und Jugendlichen[47]

	Gesamt		5. Klasse		7. Klasse		9. Klasse	
	Männl.	Weibl.	Männl.	Weibl.	Männl.	Weibl.	Männl.	Weibl.
Konsumhäufigkeit von Alkohol								
Kein Alk. 2003	53,2	56,9	78,8	88,5	54,2	55,9	20,9	21,6
Gelegentlicher Konsum 2003	30,9	32,4	18,8	12,1	34,5	35,6	42,1	53,8
Regelmäßiger Konsum 2003	15,9	10,7	2,4	0,6	11,3	8,5	37,0	24,6
Regelmäßiger Konsum 2008	k. A.	k. A.	2,2	0,6	5,9	3,5	24,6	14,9
Konsumierte Alkoholsorten bei regelmäßigem Konsum von …								
Bier 2003	13,9	7,9	1,7	0,2	9,0	5,9	33,8	13,8
Bier 2008	k. A.	k. A.	1,2	0,3	3,1	1,8	19,5	8,8
Wein/Sekt 2003	3,1	3,5	0,9	0,4	3,3	2,3	5,7	8,2
Wein/Sekt 2008	k. A.	k. A.	0,8	0,1	1,2	0,9	2,2	2,8
Spirituose 2003	5,6	3,3	1,3	–	5,0	2,8	11,7	7,6
Spirituose 2008	k. A.	k. A.	1,0	0,2	1,7	1,2	6,7	4,8
Alcopops 2003	10,6	6,7	3,6	1,1	8,2	5,4	22,1	14,7
Alcopops 2008	k. A.	k. A.	1,2	0,1	3,1	1,9	5,8	9,6

46 Jurybegründung des Deutschen Literaturpreises 2011 für *Tschick*, abrufbar unter: http://www.djlp.jugendliteratur.org/jugendbuch-3/artikel-tschick-129.html (Stand Oktober 2013)

47 Tabelle nach Richter/Settertobulte 2003, S. 113 und Nickel/Ravens-Sieberer/Richter/Settertobulte 2008, S. 71; aus: Stein/Stummbaum 2011, S. 172

Alkoholvergiftung: Mehr Jugendliche nach Vollrausch in Klinik

„Komasaufen bleibt ein Problem: Die Zahl der Jugendlichen, die mit einer Alkoholvergiftung im Krankenhaus behandelt wurden, ist 2011 wieder leicht gestiegen. Besonders besorgniserregend ist die Zunahme der Fälle bei den 10- bis 15-Jährigen. Generell scheinen Jungs gefährdeter zu sein.

Die ersten Erfahrungen mit Alkohol können verheerend sein, vor allem wenn sie im sogenannten Komasaufen enden. Manche Jugendliche kennen ihr Limit nicht, sie wollen mithalten, spüren, was der Alkohol mit ihrem Körper anstellt: Wodka wird wie Wasser getrunken, Bier heruntergekippt. Am nächsten Morgen droht im besten Fall ein übler Kater. Im schlimmsten Fall allerdings endet der Alkoholexzess in der Notaufnahme.

2011 wurden 26.000 Kinder nach Trinkgelage im Krankenhaus behandelt

Im Jahr 2011 wurden insgesamt 26.349 Kinder und Jugendliche im Alter von zehn bis 20 Jahren nach einem Trinkgelage im Krankenhaus behandelt, berichtet das Statistische Bundesamt. 2010 waren es noch 25.995 Kinder, damit ist die Zahl der Betroffenen leicht angestiegen. Bezogen auf die gesamte Bevölkerung kamen 2011 von 100.000 10- bis 20-Jährigen 325 wegen einer Alkoholvergiftung ins Krankenhaus, 3,3 Prozent mehr als im Vorjahr. Zum Vergleich: 2005 kamen 19.423 Kinder und Jugendliche mit einem Rausch ins Krankenhaus – seitdem lagen die Zahlen jedes Jahr deutlich über 20.000.

Besorgniserregend sei vor allem, dass die Zahl der Fälle bei den 10- bis 15-Jährigen wieder zugenommen habe, bewertete die Drogenbeauftragte der Bundesregierung Mechthild Dyckmans (FDP) die Ergebnisse. In der Gruppe der Jugendlichen stiegen die Fälle um 2,1 Prozent an. ‚Diese Zahlen zeigen, dass wir nicht nachlassen dürfen, Kinder und Jugendliche über die Gefahren des Rauschtrinkens aufzuklären', sagte Dyckmans. ‚Früher Alkoholkonsum kann

bei Kindern und Jugendlichen zu langfristigen Gesundheitsschäden führen und erhöht die Gefahr, später abhängig zu werden.' (...)"[48]

Drogen- und Suchtbericht 2012: Jugendliche rauchen und trinken weniger

„Einige erfreuliche Trends zeigt der Drogenbericht der Bundesregierung auf: Demnach greifen Jugendliche seltener zu Zigaretten oder Alkohol als früher. Sorgen bereitet den Suchtexperten jedoch, dass junge Menschen häufiger auf gewerbliche Glücksspiel-Angebote eingehen und viel Zeit online verbringen. (...)

Exzessiver Computerspiel- und Internetgebrauch bei Jugendlichen

Jugendliche greifen in Deutschland zwar seltener zu Flasche, Zigaretten oder Joint – insgesamt haben aber Millionen Bundesbürger erhebliche Suchtprobleme. Ein großes Risiko sieht der neue Drogen- und Suchtbericht der Bundesregierung in Glücksspielautomaten. Drogenbeauftragte Mechthild Dyckmans (FDP), die den Bericht am Dienstag vorstellte, zeigte sich zudem besorgt über den ‚exzessiven oder pathologischen Computerspiel- und Internetgebrauch bei Jugendlichen und jungen Erwachsenen'.

Dyckmans kündigte an, die Bundesregierung peile noch vor der Sommerpause eine Verordnung an, um in Gaststätten die Zahl der Glücksspielautomaten – derzeit sind das maximal drei – zu reduzieren. Zu diesen Geräten haben auch Jugendliche unter 18 Jahren – entgegen den gesetzlichen Bestimmungen – meist unkontrollierten Zugang. Jugendliche und junge Erwachsene würden häufiger gewerbliches Glücksspiel nutzen, heißt es im Bericht. Damit steige das Suchtrisiko.

---

48 Spiegel online vom 5. 2. 2013, abrufbar unter: http://www.spiegel.de/gesundheit/diagnose/alkoholvergiftung-komasaufen-nimmt-unter-jugendlichen-leicht-zu-a-881522.html (Stand Oktober 2013)

Eine gute Nachricht des Berichts: Immer weniger Jugendliche rauchen Zigaretten. Nicht einmal jeder Achte in der Altersgruppe von 12 bis 17 Jahren rauche mindestens einmal pro Woche. Insgesamt rauchen in Deutschland 14,7 Millionen Frauen und Männer ab 15 Jahren. Jährlich sterben in Deutschland etwa 110.000 Menschen an den direkten Folgen des Rauchens.

Ebenso sei der Alkoholkonsum bei Jugendlichen zurückgegangen. 14 Prozent der 12- bis 17-Jährigen gaben an, regelmäßig, also mindestens einmal wöchentlich, Alkohol zu trinken. Zum Vergleich: Im Jahr 2001 waren es knapp 18 Prozent. Dies zeige, dass die Drogen- und Suchtpräventionen der Bundesregierung positive Wirkung zeige, sagte Dyckmans. Allerdings würden knapp 40 Prozent der 18- bis 25-Jährigen regelmäßig Alkohol trinken. In Deutschland gelten insgesamt rund 1,3 Millionen Menschen als alkoholabhängig. Jedes Jahr sterben mehr als 73.000 Menschen an den Folgen des Alkoholmissbrauchs. (...)"[49]

Straftaten in Deutschland

Übersicht für das Jahr 2011[50]

Die häufigsten Straftaten werden von Jugendlichen im Bereich des Diebstahls begangen (Tabelle S. 105). Im Hinblick auf die Zahl der straffälligen Jugendlichen und Heranwachsenden kann ein deutlicher Rückgang im Vergleich zu 2009 beobachtet werden (Tabelle S. 106).

---

49 Spiegel online vom 22. 5. 2013, abrufbar unter: http://www.spiegel.de/wissenschaft/mensch/drogen-und-suchtbericht-warnt-vor-internetsucht-a-834444.html (Stand Oktober 2013)

50 Tabellen nach: Statistisches Bundesamt: *Rechtspflege, Strafverfolgung 2011*, S. 12

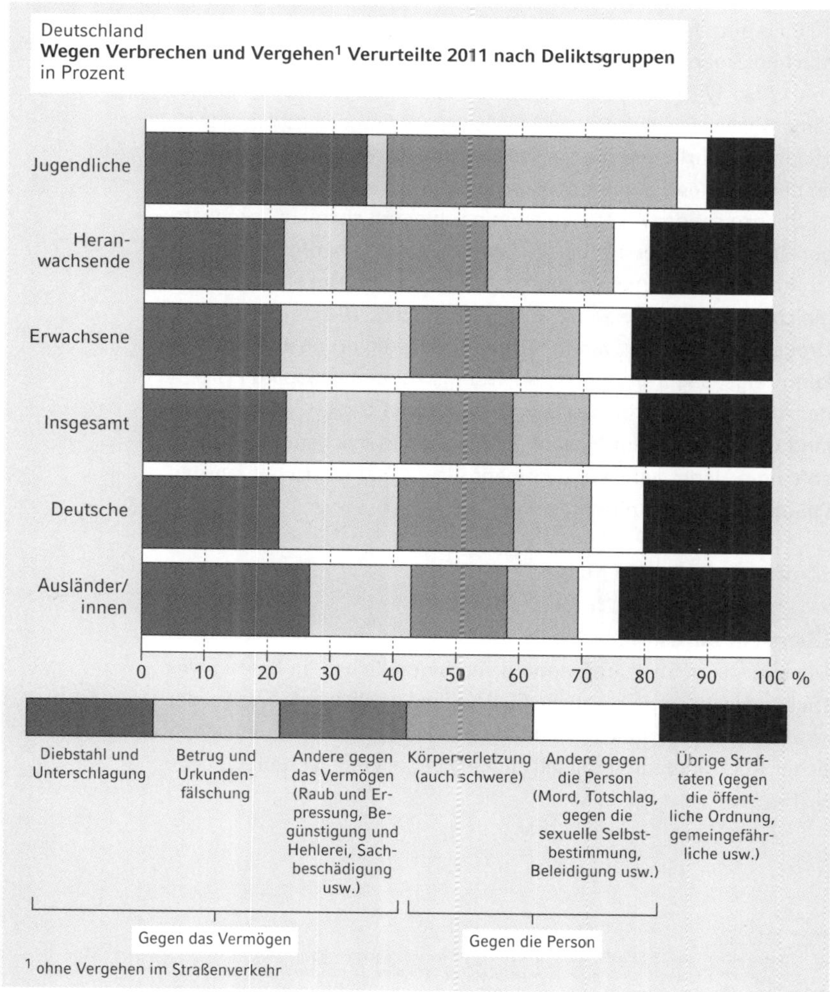
Deutschland
Wegen Verbrechen und Vergehen1 Verurteilte 2011 nach Deliktsgruppen
in Prozent
Jugendliche
Heran-wachsende
Erwachsene
Insgesamt
Deutsche
Ausländer/innen
0
10
20
30
40
50
60
70
80
90
100 %
Diebstahl und Unterschlagung
Betrug und Urkundenfälschung
Andere gegen das Vermögen (Raub und Erpressung, Begünstigung und Hehlerei, Sachbeschädigung usw.)
Körperverletzung (auch schwere)
Andere gegen die Person (Mord, Totschlag, gegen die sexuelle Selbstbestimmung, Beleidigung usw.)
Übrige Straftaten (gegen die öffentliche Ordnung, gemeingefährliche usw.)
Gegen das Vermögen
Gegen die Person
1 ohne Vergehen im Straßenverkehr

Wegen Verbrechen und Vergehen[1] verurteilte Deutsche[2]
je 100 000 Einwohner der gleichen Personengruppe in der strafmündigen Bevölkerung[3]

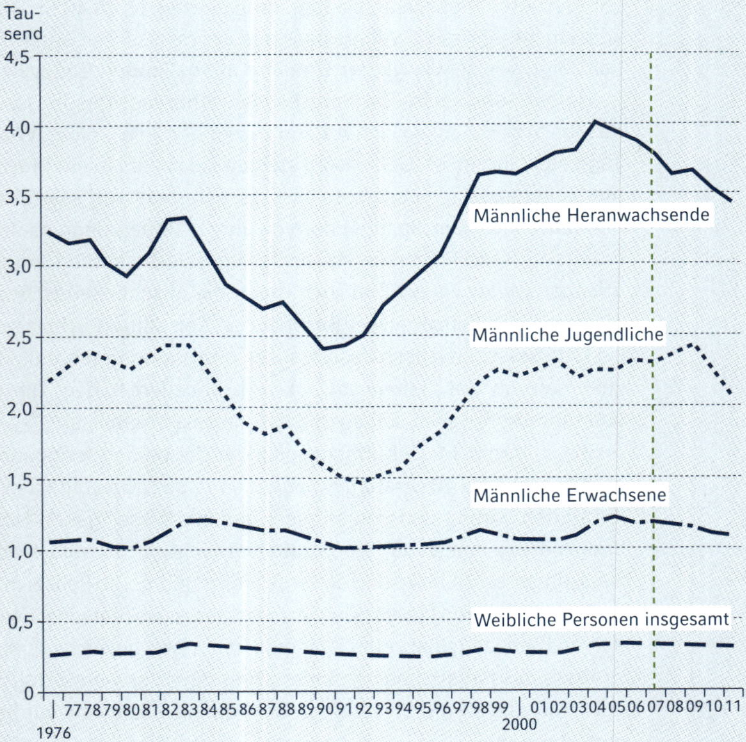

[1] Ohne Vergehen im Straßenverkehr. - [2] Entsprechende Ziffern für Ausländer liegen nicht vor (...). - [3] Früheres Bundesgebiet, 1995 bis 2006 einschließlich Gesamt-Berlin; seit 2007 Deutschland.

Malte Arnsperger: 14-jährige Intensivstraftäter. Letzter Warnschuss U-Haft

„Sie verübten Einbrüche, klauten, randalierten. Nach 40 Straftaten sitzt ein 14-jähriges Zwillingspaar nun erstmals hinter Gittern. Der Fall zeigt, wie schwierig der Umgang mit so jungen Ganoven ist.

Holger und sein Zwillingsbruder Andreas (beide Namen geändert) beschenken sich Anfang Dezember 2012 selber. Wenige Tage nach ihrem 14. Geburtstag steigen sie nachts in ein Pforzheimer Autohaus ein, schnappen sich die Schlüssel von zwei Wagen und fahren los. Der Spaß ist nur von kurzer Dauer, denn nach wenigen Stunden klicken die Handschellen. Für die beiden Jungs ist offenbar weder so ein Einbruch, noch die anschließende Begegnung mit der Polizei etwas Besonderes. Seit Jahren schon sollen sie laut Staatsanwaltschaft in Häuser und Wohnungen eingebrochen sein, in Geschäften geklaut und randaliert haben. Die eine oder andere Prügelei soll auch dabei gewesen sein.

Bis zu ihrem 14. Geburtstag soll jeder der beiden Jungganoven bereits mehr als 40 Straftaten begangen haben. Obwohl das Wort ‚Straftaten' streng genommen nicht stimmt. Bisher galten Holger und Andreas immer nur als ‚Straftatverdächtige', denn sie waren stets jünger als 14 Jahre und damit strafunmündig. Die Polizei musste sie immer laufen lassen. Vor Gericht standen sie nie – geschweige denn haben sie jemals ein Gefängnis von innen gesehen. (...)

Doch das hat sich nun geändert. Seit ihrer vorweihnachtlichen Spritztour sitzen die Zwillinge in der Jugendvollzugsanstalt Stuttgart-Stammheim. Sie dürften dort die jüngsten Häftlinge sein. Denn es ist extrem selten, dass so junge Verdächtige eingesperrt werden. Von mehr als 60.000 Gefängnisinsassen in Deutschland waren 2012 nur 581 jünger als 18 Jahre, gerade einmal zwei waren im Alter von Holger und Andreas. Der Hauptgrund: Im deutschen Jugend-

strafrecht steht der Erziehungsgedanke im Vordergrund, nicht die Bestrafung. (...)

Bernd Holthusen beschäftigt sich seit Jahren mit straffälligen jungen Menschen. ‚Das Austesten von Grenzen ist zunächst mal völlig normal und jugendtypisch, vor allem bei männlichen Jugendlichen', sagt Holthusen. Der Wissenschaftler vom Deutschen Jugendinstitut in München weiß aber auch, wie aus aufmüpfigen Kindern richtige Verbrecher werden. ‚Viele von ihnen leben in desolaten Familiensituationen, erleben dort Gewalt. Sie haben Abbrucherfahrungen, haben Scheidungen erlebt oder mussten oft umziehen, die Schule wechseln. Ihnen fehlen der Halt und verlässliche Strukturen, sie können und wollen sich irgendwann auf niemanden mehr einlassen.' (...)

Gründe für jugendliche Straftaten sind oft in desolaten Familiensituationen zu finden

Großen Wert lege die Münchner Polizei darauf, ‚an die Wurzel des Problems zu kommen', sagt der Sprecher. ‚Wir schauen uns dazu auch das familiäre Umfeld und den Freundeskreis an und geben den Eltern in Zusammenarbeit mit dem Jugendamt ein schriftliches Beratungsangebot, welches ihnen Unterstützung ermöglicht.' Offensichtlich mit Erfolg: Insgesamt sind, wie auch im Rest der Bundesrepublik, in den vergangenen drei Jahren die Taten durch Kinder zurückgegangen. In München sank die Anzahl von 1679 auf 1427, deutschlandweit von gut 91.000 auf 85.000. (...)"[51]

---

51 Malte Arnsperger im „Stern" vom 24. 1. 2013

6. PRÜFUNGSAUFGABEN MIT MUSTERLÖSUNGEN

Unter www.königserläuterungen.de/download finden Sie im Internet zwei weitere Aufgaben mit Musterlösungen.

Die Zahl der Sternchen bezeichnet das Anforderungsniveau der jeweiligen Aufgabe.

Deutung der Schlussszene
Aufgabe 1 ***

a) Ordnen Sie die Schlussszene (vgl. S. 253 f.) in den thematischen Rahmen des Romans ein, in dem es um die Auseinandersetzung Maiks mit seinen Eltern geht.
b) Deuten Sie die Schlussszene symbolisch auch im Hinblick auf den Adoleszenzprozess von Maik.

Mögliche Lösung in knapper Fassung:

Einordnung der Szene in den Kontext

a) Maiks Mutter wirft während eines Alkoholrauschs Wohnzimmermöbel in den Pool. Sie hält sich an einem Ölgemälde fest und springt hinein, während Maik sich auf einem Sessel vornüber fallen lässt. Maiks Mutter ergreift während des Untertauchens seine Hand. Diese Geste deutet auf eine enge Verbundenheit zwischen Maik und seiner Mutter hin und erfüllt letztlich seinen Wunsch nach einer familiären Geborgenheit, den er in seiner Stammfamilie nicht verwirklicht sieht. Der Grund dafür liegt in der Entfremdung seiner Eltern:

→ Vater Josef Klingenberg: Immobilienmakler bzw. -investor, früher beruflich erfolgreich, seit einer Fehlinvestition in ein

Grundstück prozessiert er (vgl. S. 64 ff.), seine Geschäfte laufen schlecht (vgl. S. 228), politisch steht er liberalen Ideen nahe (vgl. S. 34), er hat eine Geliebte (vgl. S. 70–73), ist rassistisch eingestellt (vgl. S. 228), ist egoistisch und verantwortungslos, wenn er sich nicht um seinen immerhin erst 14 Jahre alten Sohn kümmert (vgl. S. 70 ff.), außerdem ist er überaus brutal und schlägt Maik (vgl. S. 228).

→ Ehe der Eltern von Streit geprägt, Gründe sind für Maik nicht klar einsehbar (vgl. S. 70). Entfremdung zwischen den Eheleuten scheint schon weit fortgeschritten, wenn Josef Klingenberg kurz nach dem Aufbruch seiner Frau in die Entzugsklinik zusammen mit Mona in Urlaub fährt. Ob die Scheidung am Ende tatsächlich realisiert wird, ist nicht ganz klar zu beantworten: Am Schluss des Romans heißt es, dass Josef Klingenberg zusammen mit Mona eine neue Wohnung ansieht (vgl. S. 250). Dies kann ein Hinweis auf eine bevorstehende Trennung von Maiks Mutter sein, es kann aber auch nur ein normaler Geschäftstermin sein, den der Immobilienmakler wahrnimmt.

→ Das Verhalten des Vaters hat eine große Distanz zu Maik zur Folge. Es gelingt Maik am Ende, sich mit seiner Haltung durchzusetzen und den Anordnungen des Vaters im Hinblick auf Tschick nicht Folge zu leisten (vgl. S. 235).

→ Das Verhältnis zur Mutter ist von Beginn an inniger. In der Schlussszene greift seine Mutter unter Wasser nach der Hand Maiks und er denkt in diesem Moment, dass es Schlimmeres gäbe, als eine Alkoholikerin als Mutter zu haben (vgl. S. 253). Die Mutter ist also trotz ihrer Krankheit noch fähig, eine vertrauensvolle Beziehung zu ihrem Sohn aufzubauen und ihm zumindest eine Ahnung von familiärer Geborgenheit zu vermitteln. Die Belastbarkeit dieser Beziehung dürfte wegen der Suchtproblematik der Mutter problematisch sein.

Deutung der Schlussszene

b) Während des Untertauchens erinnert er sich an die Reiseerlebnisse („der beste Sommer von allen", S. 254) und formuliert eine positive Zukunftserwartung im Hinblick auf die Freundschaften mit Tschick und Isa (vgl. S. 253). Der Adoleszenzprozess hat einen Zugewinn an Selbstvertrauen zur Folge, was sich darin zeigt, dass ihm die Aussicht auf den erneuten Spitznamen „Psycho" gleichgültig ist (vgl. ebd.). Sein Eindruck, dass die Menschen außerhalb des Pools in einer „stummen, fernen Sprache" (vgl. S. 254) kommunizieren und somit einer anderen Welt angehören, lässt sich symbolisch verstehen als ein selbstbewusstes Bekenntnis zur der von ihm wahrgenommen Realität, in der die von ihm selbst festgesetzten Regeln gelten. Er ist sich über die Grenzen dieser eigenen Realität durchaus bewusst; symbolisch wird dies im Bild des Luftanhaltens ausgedrückt: „Weil, man kann zwar nicht ewig die Luft anhalten. Aber doch ziemlich lange." (S. 254) Das Selbstbewusstsein, seine eigene Wahrnehmung als gleichberechtigt mit der „realen" Realität zu sehen, gleichzeitig aber auch deren Grenzen zu akzeptieren, zeigt den Fortschritt seiner Identitätsbildung.

Charakterisierung Tschick und Isa
Aufgabe 2 *

Auf der Müllkippe treffen Maik und Tschick auf das Mädchen Isa.
a) Entwickeln Sie ausgehend von der Szene (vgl. S. 150) und unter Berücksichtigung weiterer Textstellen eine Charakterisierung von Tschick und Isa.
b) Stellen Sie dann die Bedeutung dar, die beide für Maik haben.

Mögliche Lösung in knapper Fassung:

Charakterisierung Tschick und Isa

a) Andrej Tschichatschow:
→ kommt als Zehnjähriger mit seinem älteren Bruder von Rostow/Russland nach Berlin,
→ wird mit 14 Jahren in Maiks Klasse aufgenommen,
→ asiatische Gesichtszüge, billige Kleidung,
→ ist Außenseiter, versteht aber, sich in der Schule Respekt zu verschaffen („Russenmafia"),
→ trinkt viel Alkohol, schulische Leistungen daher nicht stabil (vgl. S. 51)
→ nimmt Kontakt zu Maik auf, regt Reise in die Walachei an, kennt sich mit Fahrzeugdiebstahl und Autofahren aus (vgl. S. 115),
→ ist homosexuell, bekennt sich zur Freundschaft mit Maik (vgl. S. 235).
→ ist reflektiert, nimmt seine Umgebung aufmerksam wahr (vgl. S. 55 und S. 213).

Isa Schmidt:
→ ist 14 Jahre alt, schmale Augen, wulstige Lippen, platte Nase, ungepflegt (vgl. S. 150),

- → macht keine Angaben zu Herkunft und Elternhaus (vgl. S. 168),
- → will zu ihrer Halbschwester nach Prag (vgl. S. 164),
- → Berufswunsch: Moderatorin von Quizsendungen (vgl. S. 156),
- → ist neugierig, nicht auf den Mund gefallen, lässt sich nicht einschüchtern durch Tschick und provoziert auch selbst (vgl. S. 151),
- → ist hilfsbereit, wenn sie den Jungen zeigt, wo man einen Schlauch findet und wie man ihn zum Abzapfen von Benzin verwendet (vgl. S. 162 f.)
- → ist an sozialen Kontakten interessiert,
- → kann schön singen (vgl. S. 157) und hat einen schönen Körper (vgl. S. 170),
- → artikuliert offen sexuelles Interesse an Maik (vgl. S. 171),
- → hat Interesse an einer tieferen Freundschaft (vgl. S. 174 und S. 250),
- → ist spontan, verfolgt selbst gesteckte Ziele konsequent (vgl. S. 176).

Bedeutung der beiden für Maik

b) In der Schlussszene wird die Bedeutung, die beide für Maik haben, deutlich: Maik sieht es als das Verdienst von Tschick an, dass er einen „tollen Sommer" (vgl. S. 254) gehabt hat. Es ist zu erwarten, dass Tschick für Maik ein ähnlich enger Freund wird wie es der Kindergartenfreund Paul gewesen ist. Isa stellt für Maik eine weibliche Freundin dar, die er sowohl körperlich als auch intellektuell attraktiv findet. Auch wenn sich eine Beziehung zu Tatjana andeutet und er emotional nach wie vor an der Klassenkameradin hängt, so ist die auch sexuell konnotierte Bindung an Isa vorhanden; es ist zu erwarten, dass es bei dem im Brief angekündigten Treffen der beiden zum ersten Kuss kommen wird (vgl. S. 250).

Charakterisierung Maik
Aufgabe 3 *

Lesen Sie Kap. 15.
a) Ordnen Sie das Kapitel in den Zusammenhang der Erzählhandlung ein.
b) Entwickeln Sie – ausgehend von diesem Kapitel – eine Charakterisierung von Maik Klingenberg.

Mögliche Lösung in knapper Fassung:

Einordnung in den Kontext

a) Kap. 15 spielt am ersten Ferientag (Donnerstag, 8. 7. 2010). Maik hat sich mit dem Alleinsein abgefunden und verbringt den Vormittag am häuslichen Pool. Er liest in der Biografie des „Seeteufels" Graf Luckner, das er als sein Lieblingsbuch bezeichnet. Dann sprengt er den Rasen, bis Tschick in einem alten, hellblauen Lada Niva eintrifft.

Vor diesem Kapitel wird ein kurzer Bericht über die Zeit zwischen der 5. und der 8. Klasse gegeben. Der Ich-Erzähler Maik beschreibt prägende Ereignisse, z. B. das Fehlen freundschaftlicher Beziehungen nach dem Wegzug seines Grundschulfreundes Paul, das Verliebtsein in die Mitschülerin Tatjana Cosic, die familiäre Situation mit seiner alkoholkranken Mutter, seine sportlichen Leistungen. Er endet bei der Aufnahme Tschicks in die Klasse und einer ausführlichen Schilderung des letzten Schultages, an dem sowohl seine Mutter als auch sein Vater ihn für mehrere Wochen verlassen. Maik ist nicht nur darüber traurig, sondern auch über den Umstand, nicht zur Geburtstagsparty von Tatjana eingeladen worden zu sein. Vor den vor ihm liegenden sechs Wochen Sommerferien fürchtet er sich.

Am Nachmittag des letzten Schultages kommt Tschick auf einem alten, kaputten Damenfahrrad zu Maiks Haus gefahren. Maik überlässt ihm das Werkzeug, damit er das Rad reparieren kann. Tschick

besichtigt das Elternhaus von Maik und ist begeistert von dessen Ausstattung. Beide Jungen stellen fest, dass sie nicht zu Tatjanas Party eingeladen sind; sie verbringen ihre Zeit mit dem Spielen von GTA (*Grand Theft Auto*); Tschick geht erst gegen Mitternacht nach Hause.

Nach Kap. 15 besuchen beide Jungen Tatjanas Geburtstagsparty, sodass Maik die Möglichkeit findet, ihr sein Geschenk zu geben. Am dritten Ferientag (Samstag, 10. 7. 2010) entschließen sie sich, gemeinsam in Urlaub zu fahren und die Verwandten Tschicks in der Walachei zu besuchen. In Kap. 19 brechen sie zu dieser Reise auf.

Charakterisierung Maik

b) Maik Klingenberg:

→ Ich-Erzähler des Romans, 14 Jahre alt, Schüler des Hagecius-Gymnasiums in Berlin,
→ keine Angaben über sein äußeres Erscheinungsbild, Kleidung scheint dem aktuellen Trend angepasst,
→ unauffälliger Schüler, gute Leistungen in Mathematik und Sport,
→ wohlhabendes, bürgerliches Elternhaus, Mutter alkoholkrank, Vater gewalttätig,
→ Sehnsucht nach familiärer Geborgenheit (vgl. S. 70 f.),
→ Loslösung vom Vater am Romanende (vgl. S. 235),
→ Wunsch nach Freundschaft, verliebt in Mitschülerin Tatjana Cosic, Bekenntnis zu Freundschaft mit Tschick
→ sexuell unerfahren, wie er gegenüber Isa zugibt (vgl. S. 171),
→ verfügt über die Fähigkeit zur Selbstreflexion, kann seine sozialen Verhaltensweisen analysieren und deuten.

Thema Sexualität und sprachliche Gestaltung
Aufgabe 4 ***

Lesen Sie die Textstelle auf S. 171 f. von „Meine Stimme war ganz hoch und fiepsig“ bis „Hand auf meinem Knie“.
a) Ordnen Sie die Textstelle in den Kontext ein.
b) Untersuchen Sie, wie die innere Auseinandersetzung Maiks mit Isas Angebot sprachlich gestaltet wird.

Mögliche Lösung in knapper Fassung:

Einordnung in den Kontext

a) Die Textstelle stammt aus dem 33. Kap., das am zehnten Ferientag, dem siebten Reisetag, handelt. Isa bittet Maik, ihr die Haare zu schneiden; sie zieht ihr Hemd aus, damit keine Haare darauf kommen. Isa fragt Maik, ob er mit ihr Geschlechtsverkehr haben wolle; Maik ist verunsichert und lehnt ab. Gleichzeitig findet er ihre Berührung angenehmen. Als Tschick mit Brötchen vom Einkauf zurückkommt, verabreden sie, es zunächst mit Küssen zu versuchen.

Die beiden Jungen lernen Isa am fünften Reisetag kennen, als sie auf der Suche nach einem passenden Schlauch zu einer Müllkippe kommen, die rund drei Gehstunden entfernt von der Raststätte liegt, wo sie das Auto wegen Benzinmangels abstellen mussten. Isa hilft ihnen dabei, einen passenden Schlauch für das Abzapfen von Benzin zu finden. Zwischen ihr und Tschick entbrennt ein permanentes verbales Gefecht mit derben Beleidigungen, dennoch schließt sich das Mädchen schließlich den beiden Jungen an und begleitet sie nicht nur auf ihrem Rückweg zum Auto, sondern auf dem weiteren Reiseweg.

Sie trennt sich von ihren Reisebegleitern bereits am siebten Reisetag wieder, um mit einem Reisebus zu ihrer Halbschwester nach Prag zu fahren.

Sprachliche Gestaltung der Textstelle

b) Sprachliche Gestaltung:

→ personale Erzählperspektive, Wiedergabe von Gedanken und Gefühlen des Erzählers: dadurch Ausdruck der emotionalen Verfasstheit des Erzählers, stark subjektiv gefilterte Wahrnehmung („ungefähr drei Worte", S. 171),
→ Nähe zur Alltagssprache, einfacher, auch hypotaktisch angelegter Satzbau,
→ Fragesätze (vgl. S. 171) zur Bestätigung der eigenen Wahrnehmung der Realität,
→ Gedankenbericht: „(...) ich würde schätzungsweise fünfhundert Seiten brauchen, um aufzuschreiben, was mir in den nächsten fünf Minuten alles durch den Kopf ging. Es war wahrscheinlich auch nicht sehr spannend (...). Ich fragte mich nämlich hauptsächlich, ob Isa das ernst gemeint hatte (...)" (S. 171 f.),
→ Parataktischer Satzbau als Möglichkeit der Aufzählung („Ich fand Isa zwar toll (...), aber (...)", S. 172), Kontrast („zwar-aber") zur Verdeutlichung der emotionalen Situation,
→ konzeptionelle Mündlichkeit: Übertreibung („Ich brauchte eine Ewigkeit", S. 172),
→ onomatopoetischer Ausdruck: „ähchrrm" (S. 172) als Beispiel für konzeptionelle Mündlichkeit, Unsicherheit des Erzählers.

Die sprachliche Gestaltung ist auf die Wiedergabe der inneren Auseinandersetzung angelegt, sie vermittelt einen Eindruck der Gefühlslage des Erzählers. Allerdings wird darauf verzichtet, die Betroffenheit und das Hin-und-Her-Gerissensein sprachlich abzubilden; die Erzählersprache nutzt an dieser Stelle – im Gegensatz zu vielen anderen Stellen des Buches – eine grammatikalisch korrekte Standardsprache mit vollständigen Sätzen und verzichtet auf den erzähltechnisch möglicherweise besser passenden Gedankenstrom als Bewusstseinswiedergabe.

LITERATUR

Zitierte Ausgabe:

Herrndorf, Wolfgang: *Tschick.* Roman. Reinbek: Rowohlt, [23]2013.

Weitere Quellen:

Herrndorf, Wolfgang: *Arbeit und Struktur*. 2010–2013; abrufbar unter: http://www.wolfgang-herrndorf.de/ (Stand Oktober 2013). Taschenbuchausgabe von Rowohlt 2015 [Hardcover 2013].

Herrndorf, Wolfgang: *Bilder deiner großen Liebe. Ein unvollendeter Roman.* Herausgegeben von Marcus Gärtner und Kathrin Passig. Berlin: Rowohlt, 2014.

Herrndorf, Wolfgang: *Diesseits des Van-Allen-Gürtels.* Frankfurt am Main: Eichborn, 2007.

Herrndorf, Wolfgang: *In Plüschgewittern*. Berlin: Rowohlt, 2008.

Herrndorf, Wolfgang: *Sand*. Berlin: Rowohlt, 2011.

Herrndorf, Wolfgang; Koall, Robert: *Materialmappe zu „Tschick"*, 2012; abrufbar unter: http://www.landesbuehne-nord.de/content/TP_Mappe_Tschick.pdf (Stand Oktober 2013).

Lernhilfen und Kommentare für Lehrer:

Matt, Elinor: *Wolfgang Herrndorf, Tschick*. Lehrerheft. Rot an der Rot: Krapp & Gutknecht, 2012.

Matt, Elinor: *Wolfgang Herrndorf, Tschick*. Schülerarbeitsheft. Rot an der Rot: Krapp & Gutknecht, 2012.

Vorbeck-Heyn, Manja; Schotte, Marcus: *Wolfgang Herrndorf, Tschick*. Lehrerhandbuch. Stuttgart: Klett, 2012.

Sekundärliteratur:

Arnsperger, Malte: *14-jährige Intensivstraftäter. Letzter Warnschuss U-Haft*. In: „Stern" vom 24. 1. 2013; abrufbar unter: http://www.stern.de/panorama/2-14-jaehrige-intensivstraftaeter-letzter-warnschuss-u-haft-1960148.html (Stand Oktober 2013).

Gansel, Carsten: *Der Adoleszenzroman. Zwischen Moderne und Postmoderne*. In: Günter Lange (Hg.): Taschenbuch der Kinder- und Jugendliteratur. Band 1. Baltmannsweiler: Schneider, 2000, S. 359–398.

Kolk, Rainer: *Adoleszenzliteratur*. In: Burdorf, Dieter; Fasbender, Christoph; Moennighoff, Burkhard (Hg.): Metzler Lexikon Literatur. Stuttgart, Weimar: Metzler, 32007, S. 5 f.

Küveler, Jan: *Herrndorf schrieb im Wettlauf mit dem Tod*. In: „Die Welt" vom 27. 8. 2013; abrufbar unter: http://www.welt.de/kultur/literarischewelt/article119431270/Wolfgang-Herrndorf-schrieb-im-Wettlauf-mit-dem-Tod.html (Stand Oktober 2013).

Lovenberg, Felicitas von: *Wolfgang Herrndorf, „Tschick". Wenn man all die Mühe sieht, kann man sich die Liebe denken*. In: „Frankfurter Allgemeine Zeitung" vom 15. 10. 2010; abrufbar unter: http://www.faz.net/aktuell/feuilleton/buecher/rezensionen/belletristik/wolfgang-herrndorf-tschick-wenn-man-all-die-muehe-sieht-kann-man-sich-die-liebe-denken-1613025.html (Stand Oktober 2013).

Lovenberg, Felicitas von: *Zum Tod Wolfgang Herrndorfs. Dieses Zuviel ist niemals genug*. In: „Frankfurter Allgemeine Zeitung" vom 27. 8. 2013; abrufbar unter: http://www.faz.net/aktuell/feuilleton/buecher/zum-tod-wolfgang-herrndorfs-dieses-zuviel-ist-niemals-genug-12549002.html (Stand Oktober 2013).

Neubauer, Georg: *Sexualität im Jugendalter: Zwischen Promiskuität und lebenslanger Bindung*. In: Heitmeyer, Wilhelm; Mansel,

Jürgen; Olk, Thoms (Hrsg.): Individualisierung von Jugend. Zwischen kreativer Innovation, Gerechtigkeitssuche und gesellschaftlichen Reaktionen. Weinheim, Basel: Juventa, 2011, S. 115–127.

Nickel, Jennifer; Ravens-Sieberer, Ulrike; Richter, Matthias; Settertobulte, Wolfgang: *Gesundheitsrelevantes Verhalten und soziale Ungleichheit bei Kindern und Jugendlichen*. In: Richter, Matthias; Hurrelmann, Klaus; Klocke, Andreas; Melzer, Wolfgang; Ravens-Sieberer, Ulrike (Hrsg.): Gesundheit, Ungleichheit und jugendliche Lebenswelten: Ergebnisse der zweiten internationalen Vergleichsstudie im Auftrag der Weltgesundheitsorganisation WHO. Weinheim, München: Juventa, 2008, S. 63–92.

Passig, Kathrin: *Wann hat es „Tschick" gemacht, Herr Herrndorf?* In: „Frankfurter Allgemeine Zeitung" vom 31. 1. 2011; abrufbar unter: http://www.faz.net/aktuell/feuilleton/buecher/autoren/im-gespraech-wolfgang-herrndorf-wann-hat-es-tschick-gemacht-herr-herrndorf-1576165.html (Stand Oktober 2013).

Richter, Matthias; Settertobulte, Wolfgang: *Gesundheits- und Freizeitverhalten von Jugendlichen.* In: Hurrelmann, Klaus; Klocke, Andreas; Melzer, Wolfgang; Ravens-Sieberer, Ulrike (Hg.): Jugendgesundheitssurvey. Internationale Vergleichsstudie im Auftrag der WHO. Weinheim, München: Juventa, 2003, S. 99–158.

Sielert, Uwe; Timmermanns, Stefan: *Expertise zur Lebenssituation schwuler und lesbischer Jugendlicher in Deutschland. Eine Sekundäranalyse vorhandener Untersuchungen*. München: Deutsches Jugendinstitut, 2011; abrufbar unter: http://www.dji.de/bibs/Expertise_Sielert_Timmermanns_komplett.pdf (Stand Oktober 2013).

Statistisches Bundesamt: *Diagnose Alkoholmissbrauch 2011*. Wiesbaden: Statistisches Bundesamt; abrufbar unter: https://www.destatis.de/DE/PresseService/Presse/Pressemitteilungen/2013/02/PD13_044_231pdf.pdf?__blob=publicationFile (Stand Oktober 2013).

Statistisches Bundesamt: *Rechtspflege, Strafverfolgung 2011*. Wiesbaden: Statistisches Bundesamt; abrufbar unter: https://www.destatis.de/DE/Publikationen/Thematisch/Rechtspflege/StrafverfolgungVollzug/Strafverfolgung2100300117004.pdf?__blob=publicationFile (Stand Oktober 2013).

Stein, Margit; Stummbaum, Martin: *Kindheit und Jugend im Fokus aktueller Studien*. Kempten: Klinkhardt, 2011.

Weigelt, Nada: *Wolfgang Herrndorf mit 48 Jahren gestorben*. In: „Berliner Zeitung" vom 27. 8. 2013; abrufbar unter: http://www.berliner-zeitung.de/kultur/-tschick-autor-gestorben-wolfgang-herrndorf-mit-48-jahren-gestorben-,10809150,24130756.html (Stand Oktober 2013).

Wilpert, Gero von: *Sachwörterbuch der Literatur*. Stuttgart: Kröner, [7]1989.

Bühnenfassung:

Tschick. Bearbeitung: Robert Koall. Regie: Jan Gehler. Uraufführung am 19. November 2011 am Staatsschauspiel Dresden im Kleinen Haus.

Verfilmung:

Tschick. Regie: Fatih Akin. Tristan Göbel als Maik Klingenberg, Anand Batbileg als Andrej „Tschick" Tschichatschow, Mercedes Müller als Isa Schmidt. Deutschland 2016.

STICHWORTVERZEICHNIS

Adoleszenz 47, 78, 88, 94
Adoleszenzliteratur 19, 50, 78, 95
Adoleszenzprozess 49, 51, 52, 86, 114
Adoleszenzroman 24, 25, 27, 47, 78, 80
Alkohol 52, 86, 87, 104, 105, 107
Arbeit und Struktur 12, 13, 21, 100
coming-of-age 27
Deutschen Jugendliteraturpreis 19, 26, 90, 102
Drogen 106
Episodenstil 73
Flussfahrt mit Huhn 25
Flusspferd 66, 76
Fricke, Horst 41, 68, 103
Golding, William
  Herr der Fliegen 24
Graf Luckner 32, 70, 80, 117
Herrndorf, Wolfgang
  Die Rosenbaum-Doktrin 20
  Diesseits des Van-Allen-Gürtels 19, 98
  In Plüschgewittern 12, 19, 24, 98
  Isa 12
  Sand 20, 90, 98
Klingenberg, Josef 64, 65
Klingenberg, Maik 55, 57–59, 118
Kunstsprache 25, 73
Luke & Trooke 12
May, Karl
  Winnetou 80
narrative Struktur 46, 73
Poe, Edgar Allen
  Bericht des Arthur Gordon Pym 24
Polizei 28, 110, 111
Riesenmaschine 18
road-novel 27
Roadmovie 103
Salinger, J. D.
  Der Fänger im Roggen 26, 78, 95
Schmidt, Franz Werner
  Pik reist nach Amerika 25
Schmidt, Isa 62, 63, 115
Schule 30, 40, 52
Seeteufel 32, 70, 80, 117
Sexualität 50, 58, 78, 81, 82
  Homosexualität 50, 83–85
Sucht 52, 86, 106
Titanic 12, 101
Tod 52, 79, 80

Tschichatschow, Andrej 59–61, 115
Twain, Mark
Huckleberry Finns Abenteuer 24
Tom Sawyers Abenteuer 24
Verfilmung 90, 92
Wir höflichen Paparazzi 18